돈이 되는 소셜미디어

SNS로 마케팅하라

박희용 지음

정보문화사
Information Publishing Group

돈이 되는 소셜미디어
SNS로 마케팅하라

초판 1쇄 인쇄 | 2019년 8월 25일
초판 1쇄 발행 | 2019년 8월 30일

지 은 이 | 박희용
발 행 인 | 이상만
발 행 처 | 정보문화사

책 임 편 집 | 최동진
편 집 진 행 | 노미라

주   소 | 서울시 종로구 대학로 12길 38 (정보빌딩)
전   화 | (02)3673-0037(편집부) / (02)3673-0114(代)
팩   스 | (02)3673-0260
등   록 | 1990년 2월 14일 제1-1013호
홈 페 이 지 | www.infopub.co.kr

I S B N | 978-89-5674-840-5

※ 책값은 뒤표지에 있습니다.
※ 잘못된 책은 구입한 서점에서 바꿔 드립니다.

머리말

고객들의 살아 있는 데이터를 실시간으로 만날 수 있는 공간이 있다. 바로 소셜미디어다. 소셜미디어는 작은 기업에게 축복이다. 누구나 원하는 고객을 실시간으로 찾을 수 있고, 고객 목소리와 라이프스타일을 살펴볼 수 있다. 다양한 방식으로 고객들과 관계를 맺고, 더 나아가 고객을 팬 또는 지지자로 만들 수 있다.

그러나 아이러니하게도 이러한 꿈의 공간 안에서 작은 기업은 더욱 작아진다. 소셜미디어가 익숙하지 않기 때문이다. 하면 좋은 것은 알겠는데 어떻게 해야 할지 도통 감이 오지 않는다. 소셜미디어를 통해 고객과 함께 기업이 성장하고 그다음 무대로 넘어가야 하는데 넘어가기보다는 자체 휴업 또는 잠정적인 포기가 많다.

그 이유를 강의나 자문, 멘토링을 통해 고민했고, 그 결과가 이 책이다. 이 책은 문제에 대한 정답을 알려 주는 책은 아니다. 누구나 문제에 대한 정답을 알려 주는 책을 원하지만 소셜미디어 마케팅에서 그런 책이 나오는 것은 불가능하다. 문제와 상황이 저마다 다르기 때문이다. 대신 이 책을 읽다 보면 정답을 찾을 수 있는 눈과 문제를 해결할 수 있는 힘을 키울 수 있다.

이 책은 소셜미디어 마케팅 책이지만 어떤 시각으로 읽는가에 따라 달라질 수 있다. 그만큼 독자가 쉽게 개입할 수 있는 책이다. 이 책은 크게 여섯 파트로 구성되어 있다. 1파트부터 순서대로 읽어도 되지만 가장 관심이 있는 주제부터 읽어도 상관없다.

1파트는 변화와 변화하지 않은 것에 대한 내용이고, 2파트는 스스로 자신을 정의해 보고 그에 따라 마케팅을 준비해 본다. 3~4파트는 소셜미디어와 콘텐츠 제작에 관한 내용이다. 5~6파트는 소셜미디어를 넘어서 진정한 자신만의 채널을 만들고 브랜드를 구축하기 위한 내용이다.

소셜미디어 기업이 될 준비를 해야 한다. 앞으로 다가올 세상은 지금보다 더 투명하게 오픈된 네트워크 안에서 제품보다는 그 제품이 가지고 있는 이야기(가치)로 승부하는 세상이기 때문이다. 이 책이 소셜미디어 기업으로 탈바꿈하는데 도움이 되길 바란다.

이 책이 나오기까지 옆에서 전폭적인 지지와 도움을 준 사랑하는 아내와 부모님, 가족들, 동료들, 친구들, 선후배님, 정보문화사 편집부 직원분들께 감사 인사를 드린다.

박희용

추천사

'기술과 독자들의 습관, 그리고 비즈니스 모델 전체가 끝없이 변하고 있다'는 2014년 뉴욕타임스의 혁신 보고서 서문은 여전히 사실이다. '초연결', '초지능', '탈중앙'을 특징으로 하는 4차 산업혁명 시대 소셜미디어 키워드는 '역(易)'이다. 변화이고 변역이며 한순간 멈춤이 없다. 끝없이 움직이며 바뀌고 있다.

필자는 그 '역'의 중심에 서 있다. 이 책의 내용은 소셜미디어 사업과 창업에 큰 도움이 된다. 수많은 강단에서 이뤄진 학생들과의 교감을 반영했기 때문이다. 실용적이며 때로는 감동적이기도 하다.

특히 '유튜브, 인스타그램, 페이스북, 블로그 사용하기'와 '스마트폰으로 콘텐츠 만들기' 내용은 압권이다. 누구나 쉽게 따라 할 수 있도록 상세하게 설명한다. 시중에 나와 있는 SNS 설명서들을 모은 것보다 실속 있다. 이 점이 필자 강의의 백미다.

더욱이 이 책은 텍스트와 그래픽이 절묘하게 어우러져 있다. 그래픽만 봐도 메시지를 이해할 수 있다. '메시지 전달 방식은 텍스트보다는 이미지, 이미지보다는 영상의 효과가 탁월하다'는 그의 마지막 주장을 그대로 반영한 셈이다.

중소기업신문회장, 전 세계일보사장 / 조한규

대다수 기업들의 고민은 어떻게 하면 소셜미디어를 잘 활용하여 기업의 경영성과에 반영될 수 있게 만들 것인가에 대한 부분이다. 왜냐하면 소셜미디어라고 하는 것이 기업이 원하는 대로 움직이지 않기 때문이다. 언제 어디서 어떻게 튈지 모르는 럭비공과 같은 존재이기 때문이다.

이러한 기업들의 고민에 대해 필자가 이야기하는 해법은 "고객 회사"가 되라는 것이다. 고객 회사란 기업경영활동 전반에 걸쳐 고객들의 참여를 이끌어내는 회사라고 이야기한다. 이는 소셜미디어가 가지고 있는 특징과도 일맥상통한다. 고객 회사란 말로만 외친다고 되는 것이 아닌 기업 내부에 준비가 필요하다는 점을 강조한다.

소셜미디어를 좀더 다른 관점에서 바라보고 기업경영에 활용하고자 하는 기업들에게 이정표를 줄 수 있는 책이라 본다.

(사)벤처기업협회 사무국장/전무, 경영학 박사 / 김영수

변화를 일으키는 기술 그 자체보다는 그것들이 우리 삶을 어떻게 변화하게 하는지 이해하는 것이 더 중요하다. 마케팅 역시 마찬가지다. 성공적인 마케팅은 고객들의 생각과 라이프스타

일을 읽고 이해하는 데서 출발한다.

이 책은 아날로그 시대와 달라진 디지털 마케팅 패러다임 변화와 기본이 되는 이론은 물론 마케팅 실행에 바로 활용할 수 있는 팁도 담고 있다. 기교에만 치우치면 얕은 마케팅 효과밖에 기대할 수 없다. 새로운 마케팅 패러다임에 대한 이해를 기반으로 하는 마케팅 전략과 실행이 잘 결합되어야 한다. 이 책에서 그 방법을 배울 수 있다. 마케팅은 소통이다. 소통하지 않는 사업은 교만하다. 이 책을 옆에 두고 마케팅 매뉴얼로 활용한다면 고객의 마음을 얻고 마케터가 기대하는 목적도 이룰 수 있을 것이다.

한국창업전략연구소 소장. 부자비즈 의장. (주)리더스비전 대표이사 / 이경희

소셜미디어는 우리 조직에게 자산인가 위기인가?
소셜미디어 마케팅을 위한 우리 조직만의 맞춤형 가이드를 제작하고 싶은가?
소셜미디어 시대를 항해하기 위한 '모험적인 돛'과 '안정적인 닻'을 찾고 있는가?

위 질문 중 하나라도 고민하고 있다면 이 책이 명쾌한 결론을 전달할 것이다. 특히 이 책을 읽으면 '우리 회사를 위한 맞춤형 가이드'가 놀랍게도 존재함을 발견할 수 있다. 필자는 이러한 시대 변화에 변하지 않을 자신의 정체성과 고객 본질을 파악하도록 주문한다. 이러한 소셜미디어의 흐름에 '안정적인 닻'과 '모험적인 돛'으로 작용하게 된다. 닻과 돛을 설계하고 실험하는 방법을 이 책을 통해 알아보자.

사회 혁신 컨설팅–임팩트 투자 MYSC 대표이사 / 김정태

이 책은 고객에 대해 끊임없이 질문한다. 그리고 양질의 콘텐츠란 무엇인가를 여러 가지 예시를 통해 설명한 다음, 양질의 콘텐츠를 표현하기 위한 소셜미디어를 살펴보고 각 서비스별로 비교부터 특징까지 정리한다. 이는 콘텐츠를 배포하기 위한 방법과 채널 선택의 기준이 될 것이다.

고객과 직접 소통하는 방식으로 뉴스레터 마케팅을 소개하였는데 우리가 지금 고민하고 있는 문제와 상황을 해결할 수 있는 방법을 제시하여 깜짝 놀랄 수밖에 없었다. 스타트업을 경영하고 소셜미디어 마케팅을 접하고 있는 입장이라면 이 책으로 당신의 고객과 마케팅 방법을 꼭 한번 섬섬해 봐야 알 것이다.

(주) 캔고루 대표이사 / 윤정민

소셜미디어 마케팅 Q&A

소셜미디어 마케팅 강의 후 받은 질문들을 유형화하면 다음과 같다. 아래의 질문에서 답을 찾아 운영하는 기업도 있을 것이고, 계속 고민 중인 분들도 있을 것이다.

Q. 소셜미디어를 꼭 해야 할까요?

A. 정답이 있는 것은 아니다. 기업마다 입장이나 환경이 다를 뿐이다. 굳이 소셜미디어를 이용하여 자신을 들어낼 필요성이 없다면 하지 않아도 된다. 단, 이제 막 창업을 한 기업이나 작은 기업의 경우 소셜미디어는 선택이 아닌 필수이다. 왜냐하면 나 자신을 홍보하는 데 가장 최적화된 채널이기 때문이다.

Q. 소셜미디어에 올릴 특별한 콘텐츠가 없습니다. 어떻게 콘텐츠를 만들어야 할까요?

A. 기업 대다수가 판매하는 상품이나 서비스 품목에 한계가 있다. 또한 매일 같이 사람들이 그 제품에 대하여 관심을 가지고 있는 것도 아니다. 한 달 정도 운영하다 보면 쓸 수 있는 콘텐츠 소재가 떨어진다. 우리가 콘텐츠를 만들 때 상품이나 서비스가 가지고 있는 특성이나 특징에 대하여 언급을 하지, 해당 상품이나 서비스를 사용하는 사용자 입장에서 이야기하지 않기 때문이다. 콘텐츠를 제작하는 관점을 바꾸어야 한다. 기업의 입장이 아닌 소비자의 입장에서 고객에게 필요한 콘텐츠를 만들어야 한다.

Q. 다양한 소셜미디어들(유튜브, 인스타그램, 페이스북, 블로그, 팟캐스트 등)이 많이 있는데 전부 다 운영을 해야 하나요?

A. 기업 내부에서 소셜미디어를 운영할 수 있는 전담 팀이 있다면 가능하겠지만 그렇지 않다면 어렵다. 소셜미디어라고 하는 것이 단지 콘텐츠 하나를 뚝딱 만들어서 소셜미디어 채널에 업데이트했다고 해서 반응이 오는 것이 아니기 때문이다. 콘텐츠를 만들기 위한 전략 수립부터 소비자 반응까지 생각을 해야 한다. 또한 같은 주제라도 소셜미디어 채널별로 다른 포맷으로 만들어야 한다. 가장 좋은 방법은 우리의 핵심 고객이 있는 채널에서 성과를 거두고 난 후에 또 다른 채널을 개설하는 것이다. 아무리 다양한 소셜미디어 채널을 운영해도 성과가 나지 않는다면 아무런 의미가 없다.

Q. 갑자기 소셜미디어를 담당하게 되었는데 어떻게 하면 좋을까요?

A. 작은 기업 대다수가 소셜미디어 담당자를 따로 채용하지 않기 때문에 구성원 중 누군가가 대신 업무를 수행하게 된다. 문제는 내 본업이 아니라는 것이다. '잘 해야 본전이고 못하면 손해다.'라는 생각이 어쩌다 소셜미디어를 담당하게 된 담당자 마음일 것이다. 소셜미디어를 담당하게 되면 주중에 하루 또는 반나절 정도는 시간을 빼서 소셜미디어 운영을 위한 시간을 가져야 한다. 즉, 가장 먼저 내가 쓸 수 있는 시간 확보를 해야 한다. 시간이 확보되지 않은 상황에서 소셜미디어를 담당하게 되면 성과를 낼 수 없다.

Q. 소셜미디어 운영 가이드라인이 필요할까요?

A. 소셜미디어 운영 가이드라인은 거창한 것이 아니다. 소셜미디어에서 하지 말아야 할 것들만 규정해 놓으면 된다. 예를 들면 '거짓 정보는 올리지 않는다.', '잘못되었으면, 잘못되었다고 바로 사과를 한다.', '개인의 생각을 올리지 않는다.' 등 기업 성격에 맞게 만들면 된다.

Q. 소셜미디어 담당자 채용은 어떻게 해야 할까요?

A. 소셜미디어 담당자 채용에 있어서 가장 중요한 것은 학력도 경력도 성별도 아니다. 바로 열정이다. 해당제품(서비스), 기업, 고객에 대한 애정을 밑바탕으로 하여 콘텐츠를 제작하기 때문에 이에 대한 강력한 열정과 태도가 없으면 아무리 콘텐츠 제작 스킬이 좋아도 시간이 가면 갈수록 결국에는 한계를 드러낸다.

Q. 기업 내부에서 소셜미디어를 운영할 사람이 없는데, 어떻게 해야 할까요?

A. 기업 내부에서 소셜미디어를 운영할 사람이 없다면 아웃소싱을 하는 것도 하나의 방법이다. 하지만 모든 것을 아웃소싱 업체에게 맡겨서는 안된다. 우리가 소셜미디어상에서 되고 싶은 모습을 먼저 구상하고 이것을 만들어줄 수 있는 업체를 찾아야 한다. 또는 업체가 아니더라도 주변에서 우리를 잘 알고 있는 고객이나 소셜미디어에서 우리와 결이 맞는 사람이 있다고 하면 파트타임으로 계약을 진행해서 추진할 수도 있다.

Q. 내부 직원들이 소셜미디어에 관심이 없습니다. 어떻게 해야 할까요?

A. 기업 혹은 기관에서 운영하는 소셜미디어에 내부직원들이 관심이 없다는 이야기는 다들 그 일이 내 일이 아니기 때문에 관심이 없다는 것이다. 또는 소셜미디어가 기업의 성장에 도움이 되지 않다는 의식이 내부 구성원 사이에서 팽배하기 때문이다.

내부 직원들의 관심을 불러일으키기 위해서는 구성원들이 기업에서 운영하는 소셜미디어에 참여할 수 있는 구조를 만들어야 한다. 예를 들면 직원에게 경사스러운 일이 생겼을 때 결혼이나 생일 혹은 진급 등이 있으면 기업에서 운영하는 소셜미디어를 통하여 축하해줄 수 있어야 한다. 소셜미디어는 기업이 아닌 고객을 위하여 존재한다. 하지만 크게 보면 직원 역시 기업의 입장에서는 고객이다.

Q. 고객들의 반응이 없는 소셜미디어를 계속 운영해야 할까요?

A. 아무리 고객들의 반응이 없다고 하더라도 꾸준하게 뚝심을 가지고 운영하는 것이 중요하다. 왜냐하면 콘텐츠가 언제 터질지 모르기 때문이다. 더 중요한 것은 소셜미디어에서 우리들이 하고 있는 모든 것들이 저장되고 검색된다는 것이다. 계속해서 데이터가 쌓이고 쌓여나갈수록 우리는 해당 분야에 대해 전문성을 확보하게 된다.

Q. 소셜미디어를 다시 시작한다면 어떻게 하는 것이 좋을까요?

A. 방향성 정하기
   6개월 후, 1년 후에 어떤 모습으로 어떤 위치에 도달하고 싶은지 미리 그려보기

여유시간 확보하기
   콘텐츠를 구상하고 제작하기 위한 여유시간을 확보하지 못하면 앞으로 나아갈 수 없다.

믿고 버티기
   소셜미디어에서 반응이 없다고 하더라도, 꾸준하게 버티면서 나아가기

목차

PART 04

[제작]

**SNS 콘텐츠
만들기**

PART 01

변화의 시대,
변하는 것과
변하지 않는 것

01

연결 시대,
소비자에게 넘어간 구매 권력

일상에서의 구매 권력

상황 1, 언제 어디서나 쇼핑하는 모바일 소비자

- 아침 만원 지하철 출근길, 한 손에는 손잡이를, 다른 손은 스마트폰 속 다양한 옷을 살펴보며 지옥철을 벗어나 아이쇼핑 삼매경에 빠져 있는 직장인
- 어린이집 등원길, 아이 옷을 구매했는데 싸게 잘 샀다면서 같은 유치원 아이 엄마에게 스마트폰으로 자랑하며 보여 주는 주부

상황 2, 매장은 거들 뿐이고, 구매는 인터넷에서

- 소셜미디어에서 친구가 구매한 제품을 보고 고민 없이 그 자리에서 같은 상품을 구매하는 소비자
- 특정한 브랜드를 판매하는 백화점에 들려 자신에게 맞는 옷과 신발의 디자인 크기를 확인하고 집에 돌아와서 인터넷 쇼핑몰에서 구매하는 소비자

상황 3, 전화보다 모바일 앱 주문이 편한 고객

- 일요일 늦은 아침, 이른 점심을 해결하고자 스마트폰을 만지작 거리며 배달 앱 식당 리뷰를 꼼꼼히 읽고 주문하는 소비자
- 맛있으면 맛있다고 리뷰를 작성하거나, 맛이 없으면 맛이 없다고 혹평하는 소비자

상황 4, 달라진 구매 이동 경로, 검색 엔진에서 소셜미디어로

- 검색 엔진이나 쇼핑몰에서 상품 정보 및 리뷰를 읽는 대신, 즐겨 보는 페이스북 페이지에 올라온 상품 소개 영상과 댓글 보면서 물건을 주문하는 20대 소비자
- 유튜브에서 화장품을 검색하고 크리에이터들의 화장 방법과 화장품 소개를 보고 난 다음 화장품을 구매하는 소비자

무경계, 경계가 사라진 세상

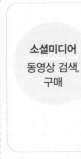

소셜미디어
동영상 검색,
구매

쇼핑 앱
옷 구경,
리뷰 확인,
구매

소셜미디어를 보고 같은 제품을 구매

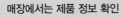

구매가 일어나는 디지털 공간

매장에서는 제품 정보 확인

경험의 오프라인 공간

"다음에는
어떤 세상이
올까?"

현실상권을 바꾼 스마트폰과 소셜미디어 힘

2010년을 기점으로 모바일 세상이 나타났다. 스마트폰이 손 안에 들어오면서 소비자 라이프 스타일이 변했다. 소비 문화 역시 180도 달라졌다. 스마트폰 앱을 보면 그 사람의 생활 패턴을 알 수 있다. 스마트폰은 가장 개인화된 커뮤니케이션 비서다. **시간과 장소에 관계없이 충족되지 못한 욕망을 만족시키고 소비하며 콘텐츠를 만들 수 있는 도구가 손 안에 있는 것이다.**

기업이나 매스 미디어, 기관 등 시스템으로 움직이는 조직과 소규모 기업, 자영업자들은 대중만큼 빠르게 적응하지 못했다. 모바일 세상은 2000년~2010년의 인터넷 세상보다 더 큰 파도를 만들면서 **옛날 시스템을 해체하고 새로운 시스템을 만들기 시작했다.**

스마트폰 덕분에 처음 가는 초행길도 누군가에게 묻지 않고 지도 앱으로 쉽게 찾아갈 수 있다. 지도 앱을 잘못 보아 길을 헤맬 수도 있겠지만 목적지에 도착할 수 있을 것이다. 지도 앱은 외국인 여행자에게도 유용한 서비스이다. 말이 통하지 않는 곳에서도 원하는 목적지가 찾기 어려운 곳이나 외진 곳에 있어도 이제는 상관없다. 외국인 여행자도 우리 매장에 올 수 있다.

소셜미디어란 생각이나 주장, 하고 싶은 이야기, 공유하고 싶은 정보를 서비스의 특징에 따라 텍스트, 이미지, 동영상, 음성 등을 활용해 만들고, 올리고, 공유하는 서비스이다. 숨겨져 있던 식당들이 누군가에게 **발견되고** 인스타그램과 페이스북을 통하여 **공유되면서** 찾는 사람들이 늘어난다. 기업들에게는 자신들의 이야기를 직접 할 수 있는 공간이기도 하다. 즉 누구에게나 열려 있는 공간이다.

"스마트폰과 소셜미디어가 상권의 개념을 파괴했다."

일상의 이야기들이 공유되는 페이스북이 서서히 비즈니스에 영향을 주었다면, 이미지 한 장으로 모든 것을 이야기하는 인스타그램은 맛집, 패션, 육아 등 특정 산업을 급격하게 바꾸고 있는 중이다.

"스마트폰 지도 앱으로 초행길도 쉽게 찾아가요."
"외국인 여행객도 고객이 될 수 있어요."

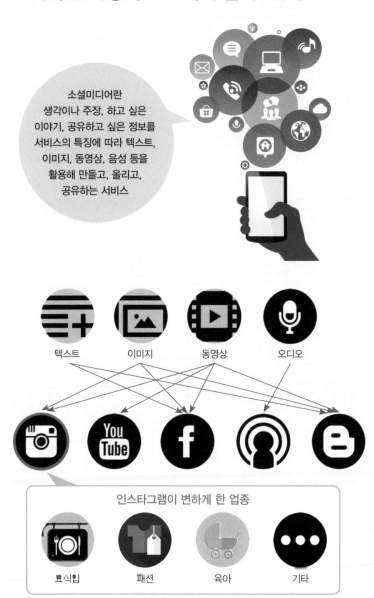

소셜미디어란
생각이나 주장, 하고 싶은
이야기, 공유하고 싶은 정보를
서비스의 특징에 따라 텍스트,
이미지, 동영상, 음성 등을
활용해 만들고, 올리고,
공유하는 서비스

텍스트   이미지   동영상   오디오

인스타그램이 변하게 한 업종

요식업   패션   육아   기타

기준을 바꾼 인스타그램

인스타그램은 젊은 세대들의 맛집 기준을 바꾸었다. 과거 맛집이 입에서 입으로 전해졌다면, 인스타그램 맛집은 음식 사진을 찍어 올릴만한 비주얼이 있는가 없는가에 따라 달라지며, 음식 사진을 찍어 올렸을 때 친구들의 부러움을 살 수 있는가, 없는가가 맛집 선택 기준이 된다.

이런 흐름에 반대하여 음식 사진을 찍고 SNS에 올리는 행위를 못하게 하는 식당도 있다. 식당은 음식 본연의 맛을 즐기는 곳이지 사진을 찍는 곳이 아니기 때문이다. 그러나 그런 경우는 아주 일부의 이야기이고 다수의 음식점들이 인스타그램에 자연스럽게 노출되기 위하여 애를 쓰고 있다. 식당에서는 지정하는 해시 태그와 함께 음식 사진을 올리는 고객들에게 음료수를 서비스로 주는 방법이 많이 사용된다. 이는 어느 정도 참여를 이끌어 낼 수 있지만, 고객들의 능동적인 참여를 이끌기에는 흥미 유발도가 떨어진다.

베이비페어에서는 인스타그램 인기 셀러들을 한 자리에 모아 '베페몰 SNS 마켓'을 열었다. 아기 엄마들의 속마음을 잘 알고 있는 아기 엄마가 만든 콘텐츠와 그렇지 않은 사람이 만든 콘텐츠 중 무엇이 소비될까? 보지 않아도 답은 뻔하다. 소비자이자 실사용자가 소비자의 구매 감정(욕망)을 더 잘 건드릴 것이다. 특정 영역에서 인스타그래머 판매가 높은 이유는 **소비자이자 판매자이기 때문이다.**

"과거에는 "어제 TV에서 OOO가 입은 옷 봤니?"라고 했다면 지금은 "OOO의 인스타그램 봤어?"라고 한다."
– 영국 패스트 패션 브랜드 TOPSHOP 글로벌 마케팅 디렉터 '시나 소베어'

"인스타그램에 사람들이 올리는 새로 구입한 물건과 관심 있는 브랜드의 새 제품을 눈여겨보는 일은 취미이고 생활의 한 부분이다. 그러다 정말 마음에 드는 상품이나 브랜드를 찾아서 구매하기도 한다."
– 슬로우 뉴스 사이트(http://slownews.kr/46439)

"연결된 세상에서의 사업은 공간(장소)이 중요하지 않다. 그 자리를 콘텐츠가 대신한다."

출처: 한국 경제 신문, 유통업계에 몰아친 'SNS 마켓' 바람

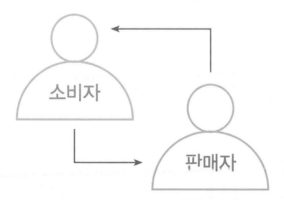

소비자이자 판매자인 사람들이 만드는 SNS 마켓

바뀐 시대에서 점검할 것들

소셜미디어만으로 비즈니스를 할 수 있는 세상이다. 연결된 세상에서 사업은 공간(장소)이 중요하지 않다. 그 자리를 콘텐츠가 대신한다. **판매하고 행동하고 생각하는 모든 것들이 디지털 콘텐츠로 변화되고 소셜미디어에서 소비자들과 접점을 맺으며 연결되기 시작한다.**

> "이미 구매 권력은 소비자에게 넘어간 지 오래이다.
> 당신이 애써 권한다고 하더라도 고객들은 신경을 쓰지 않는다.
> 당신과 연결되지 않았기 때문이다."

소비 선택 주권이 소비자에게 돌아갔다.

소비자는 다양한 경로, 유통 채널을 통하여 적합한 상품을 선택하고 소비한다. 판매자가 권하는 제품을 구매하는 황금 시대는 되돌아오지 않는다. 모바일과 소셜미디어로 연결된 소비자는 더 이상 '호갱'이 아니다. 한쪽에서는 '고객은 왕'이라고 이야기하고 다른 쪽에서는 '고객을 호갱'으로 대하는 태도는 구시대의 유물로 전락했다. 호갱은 호구와 고객의 합성어로 속이기 쉬운 고객, 이용하기 쉬운 고객을 의미한다.

이렇게 시대가 변했음에도 불구하고 예전과 같은 생각, 같은 방식으로 사업을 하고 있다면 결과는 불 보듯 뻔하다. 문제는 어떻게 변할 것인가에 대한 부분이다. 그 누구도 변화의 방식, 순서에 대해 이야기해 주지 않는다.

여기서는 모바일 소셜미디어 시대에 맞는 변화의 모습과 프로세스에 대하여 이야기하고자 한다. **고객들이 있는 소셜미디어 세상 속으로 들어가기 전에 스스로 점검해 보아야 할 사항이 있다.**

소셜미디어 마케팅 시작 전 체크 포인트 ①

고객은 누구인가?

	여성	성별	남성
적극적			
소셜 미디어 이용			
소극적			

고객 매트릭스

고객 매트릭스 만드는 법
1. 2×2 매트릭스 만들기
2. 왼쪽과 오른쪽에 기준점 만들기
3. 다양한 기준점 만들고 비교 분석하기
4. 이를 기반으로 고객 모습 묘사하기

소셜미디어에서 고객에게 줄 수 있는 것은 무엇인가?
→ 고객들이 궁금해 하는 것은 무엇인가?

소셜미디어로 연결된 고객을 우리의 팬으로 만들 수 있는가?
→ 고객들이 열성적인 팬이 되면 무엇을 얻을 수 있는가?

고객이 팬이 되기 위해 우리가 준비할 것은 무엇인가?
→ 고객을 팬으로 만들기 위하여 우리가 준비할 것들

웹 사이트를 운영하는가?
고객이 웹 사이트에서 얻을 수 있는 혜택은 무엇인가?

우리가
제공하는
정보

고객이
기대하는
정보

같을까?

소셜미디어 마케팅 시작 전 체크 포인트 ②

소셜미디어! 사분면 중 어디에 속하는가?

"만약 당신이
5번 매트릭스에서 3번 영역에 있고,
6번 매트릭스에서도 3번 영역이라면
책을 읽는 것보다 컨설팅이나
자문을 받아 보는 것이
정신 건강에 더 이롭다."

"만약 당신이
7번 매트릭스에서 1번 영역이
될 것이라 생각되면 처음부터
친구 위주로 팔로잉하는 것보다
고객 발굴을
우선시해야 한다."

소셜미디어 마케팅 시작 전 체크 포인트 ③

소셜미디어 운영

소셜미디어 계정 어떻게 만드는 것이 좋을까?
→ 다양한 소셜미디어에서 계정을 통일할 수 있는 방법은 무엇일까?

소셜미디어를 운영할 담당자는 누구인가?
→ 소셜미디어는 운영자에 따라 성과 차이가 크다.

소셜미디어 운영 시스템은 있는가?
→ 조직 안 콘텐츠를 모을 수 있는 수집 방법, 공용 폴더, 공동 편집,
　관리 등 효율적인 시스템을 어떻게 만들 수 있을까?

02

관계 시대,
당신에게 필요한 것은 공감 능력

"관계는 양보다 질이다."

소셜미디어 관계의 시작

페이스북에 친구 숫자가 많고, 인스타그램 팔로워 숫자가 많다고 해서 소셜미디어를 잘 운영하고 있다고 할 수 없다. 당신이 무엇인가를 요청했을 때 아무도 응답이 없다면 무엇인가 잘못된 것이다. 그것이 무엇인지 생각해 보아야 한다.

숫자가 많지 않아도 당신의 이야기에 귀 기울이고 적극적으로 동참하면서 응원하는 팬이 있는 것이 더 행복한 일이다. 느슨한 관계로 연결된 신 부족 사회인 소셜미디어 세상에서 나만의 지지자를 만든다는 것은 쉬운 일이 아니다. 그렇다고 방법이 없는 것도 아니다. 오프라인 모임에서 친구를 사귈 때를 생각해 보면 된다.

누군가의 소개로 모임에 참석했다면 어떻게 행동하는가? 처음에는 관찰로 시작한다. 어떤 사람들이 모여 있는지, 어떤 옷을 입고 있는지, 어떤 말을 자주 하는지 사람들의 행동을 일거수일투족 관찰한다. 어느 정도 모임 분위기에 익숙해지고 나면 대화에 참여한다. 관심 있는 화제가 나오면 한 마디 거들면서 대화 속으로 입장하게 된다. 내 이야기에 맞장구 쳐 주면 신이 나서 더 많은 이야기를 한다. 이야기에 호응해 준 사람에게 관심과 호감을 표하면서 자리를 이어간다. 모임이 끝나고 다음 모임에 나가지 않고 따로 연락하지 않으면 관계는 끝나지만, 꾸준하게 참석하면 연결 끈이 만들어진다. **이러한 관계들은 하루 아침에 만들어지는 것이 아니라 오랜 시간에 걸쳐 이루어진다.**

앞서 언급한 이야기는 소셜미디어에도 그대로 적용된다. 페이스북에서 누군가가 내 관심사에 대한 이야기를 한다면 나도 모르게 댓글을 달거나, '좋아요'를 누르거나, 공유를 하게 된다. 내가 단 댓글에 상대방 역시 긍정적인 댓글을 달아 준다면 왠지 묘한 동질감이 생긴다. 여기에서 끝난다면 단순히 아는 사람 중 한 명이 된다. 하지만 그 사람이 가끔 내 이야기에 반응을 한다면 그때부터는 내가 어떻게 하는가에 따라 관계의 질이 달라진다. 느슨한 관계에서 친밀한 관계로 발전하는 단계의 시작점이다.

첫 오프라인 모임에서 관계 유지하기

1 관찰하기
사람들의 행동을
살펴본다.

2 대화에 참여하기
관심 있는 화제가 나오면
대화에 참여한다.

3 호응하기
다른 사람의 이야기에
맞장구를 쳐 준다.
누군가 내 이야기에
호응한다.

4 참석 유지하기
모임에 꾸준하게 참석하면서
관계가 이어진다.

소셜미디어에서 관계 유지하기

1 읽기
소셜미디어
콘텐츠 읽기

2 내 관심사일 경우
좋아요,
댓글 달기,
공유하기
등으로 동질감 표현하기

3 관계 유지하기
내가 어떻게 행동하는가에
따라 된게가 빨라신나.

소셜미디어에서 관계 맺기

한 가지 주의할 사항이 있다. 오프라인이나 온라인이나 자신의 의견을 피력하지 않으면서 관심이 있어도 그저 지켜만 보고 있는 사람들이 있다. **지켜만 보고 있는 사람들을 위해서라도 꾸준한 활동이 필요하다. 긴급하고 필요하면 연락이 온다. 연락이 오게 만드는 사람이 되어야 한다.** 오프라인이나 온라인이나 사람 사는 세상은 마찬가지이다. 오프라인의 법칙은 온라인에서도 통용된다. 우리가 그 사실을 종종 잊어 버린다는 점이 문제일 뿐이다.

"모니터 뒷면에서 내 이야기를 보거나 듣고 있는, 나와 똑같은 사람이 있다는 사실을 기억한다면, 소셜미디어 피로도가 높은 세상에서 나만의 방식으로 관계를 맺을 수 있다."

소셜미디어에서 관계를 맺는 방식

소셜미디어에서 관계를 맺는 방식을 살펴보면 크게 다섯 가지 유형으로 분류할 수 있다.

① 오프라인에서 알고 지냈던 **친구 위주**로 서서히 확장해 나가는 유형
② 뉴스피드에서 친구가 공유한 글을 보고 **지인 기반**으로 확장해 나가는 유형
③ 관심 분야의 해시 태그 또는 키워드로 검색해서 **관심사 기반**으로 확장해 나가는 유형
④ 특정한 페이스북 그룹에 가입한 다음 **그룹 멤버 중심**으로 확장해 나가는 유형
⑤ 연예인이나 특정 분야의 **인플루언서(영향력있는 개인) 팔로워**를 하는 유형

이 중에서 관심을 가져야 할 유형은 세 번째인 관심사 기반으로 친구를 확장해 나가는 유형이다. 이 세 번째 유형의 그룹을 만족하게 하기 위해 우리가 할 수 있는 일은 무엇일까? 그들의 관심사를 충족할 수 있는 양질의 콘텐츠를 지속적으로 만들어야 한다. 또는 그들의 자발적인 참여를 이끌어 내야 한다. 모든 사람이 만족하는 양질의 콘텐츠가 아닌 특정한 구매 집단을 만족하게 하는 독특한 킬러 콘텐츠여야 한다. **킬러 콘텐츠란 누구에게나 필요한 콘텐츠가 아닌 특정한 문제를 경험하고 있는 사람들에게 대안을 줄 수 있는 콘텐츠를 말한다.**

1
오프라인 친구 위주
'알지 못하는 사람과
일상을 공유하는 것은
좀 그렇다.'

**소셜
미디어
관계 유형**

5 그룹 멤버 중심으로
확장해 나가는 유형
'멤버쉽이 중요해.'

2 지인 기반으로
확장해 나가는 유형
'친구의 친구는
친구다.'

4
인플루언서
(영향력 있는 개인)
팔로워를 하는 타입
'내가 좋아하는 연예인의
일상이 궁금해', '전문가에게서
통찰력을 얻고 싶다.'

3 관심사 기반으로
확장해 나가는 유형
'소셜미디어는
정보 공유의 공간이다.'

대안을 줄 수 있는 독특한 킬러 콘텐츠를 만들어야 하는 이유

① 모든 사업에는 경쟁자가 있다.

　경쟁자와 전혀 다른 독특한 특징을 가지고 있어야 한다.

② 특정한 분야의 전문성을 확보해야 한다.

　일반적인 콘텐츠를 만들어서는 전문적인 기업의 느낌을 만들 수 없다.

③ 내부 자원에는 유한성이 있다.

　누구나 사용할 수 있는 자원이 유한하다. 적은 투자로 최대의 효과를 만들어야
　한다.

④ 스몰 브랜드로서 가능성을 만들 수 있다.

　특정한 고객을 대상으로 킬러 콘텐츠를 만들고 퍼블리싱(유통)하여 열광적인 반
　응을 이끌어 낼 수 있다면 마니아가 존재하는 스몰 브랜드가 될 수 있다.

콘텐츠 반응도 높이기

콘텐츠 내용에 대한 정리가 끝났으면 그 다음에 해야 할 일은 반응도를 높이는 일
이다. 반응도를 높이기 위해서는 상대방에 대한 **공감 능력**을 키워야 한다. 공감하지
못하면 진정으로 반응하는 것이 아닌 필요에 따라 반응하기 때문에 오래가지 못한
다. 소셜미디어에서 우리가 하는 반응은 '좋아요', '댓글', '공유' 등이다. 상대방에게
나 자신을 인식시키는 가장 좋은 방법은 **댓글**이다. 그러나 일상적인 댓글만 남긴다
고 해서 내가 인지되는 것은 아니다. 일상적인 댓글의 예를 들면 '좋은 글 잘 읽었
습니다.', '고맙습니다.', '항상 응원합니다.', '^^', '넵', 'ㅎㅎㅎ', 'ㅋㅋㅋ' 등이다. 이
런 류의 댓글은 오프라인에서 알고 지냈던 사이에서만 통용된다. 오프라인에서 전
혀 일면식도 없으면서 관계의 질을 높이고 싶다면 정성을 다해 댓글을 달아야 한다.

① 댓글 반응도를 높이기 위한 방법

　• 그 사람이 보지 못한 관점을 제시하는 댓글

　• 고민을 해결해 주는 댓글

　• 보다 폭 넓은 정보를 제공하는 댓글

　• 상대방이 예상하지 못한 웃음 코드를 제공하는 댓글

　• 마음의 위로가 되는 댓글

② 댓글을 쓰는 스타일

구어체를 쓸지 경어체를 쓸지 아니면 나만의 스타일을 만들지 정해야 한다. 처음부터 '이 스타일로 써야지.'하고 정하기보다 다양한 스타일로 댓글을 작성해 보고 그중에서 가장 반응이 좋은 스타일을 선택하면 된다. 내가 좋아한다고 해서 상대방이 좋아한다는 보장은 없다. 중요한 것은 내가 이렇게 잘났다고 자랑하는 것이 아니라 상대방 이야기에 공감하는 것이다.

③ 댓글 다음으로 중요한 것은 공유

누군가는 수강생을 모집하기 위하여, 누군가는 제품을 판매하기 위하여, 누군가는 특정한 이슈를 확산하기 위하여 작성한 글들이 공유되기를 원한다. 당신의 가치관에 반하지 않은 이상 친구들이 작성한 글 중에서 공유를 요청한 글은 꼭 공유를 해 주기 바란다. 그래야 다음에 당신이 공유를 요청하는 글을 올렸을 때 친구들이 도와 준다. 가는 것이 있어야 오는 것이 있다. **먼저 받으려고 하지 말고 먼저 주는 행동을 습관으로 만들면 당신의 소셜미디어가 좀 더 풍성해질 것이다.**

관계 시대, 당신에게 필요한 것은 누군가에게 도움을 줄 수 있는 킬러 콘텐츠와 누군가의 글에 진정으로 공감할 수 있는 공감 능력이다.

03

공유 시대,
대중이 여론을 만드는 세상

"예전에는 발 없는 말이 하루에 천리를 가는 세상이었다면, 지금은 한 줄의 텍스트, 이미지, 동영상이 1초에 세상 끝까지 가는 세상이다."

스마트폰으로 만들어지는 여론

스마트폰과 소셜미디어가 만나면서 끊임없이 소문이 만들어지고 사라진다. 미디어 권력 구조가 바뀌고 소비자의 힘이 생산자와 판매자를 넘어서는 세상이 되었다. 바야흐로 소셜미디어 세상이 된 것이다. 이 소셜미디어 세상의 핵심은 부지런히 움직이고 있는 개인이다. **손 안에 가지고 있는 작은 스마트폰이 방송국이 되기도 하고 신문사가 되기도 한다.**

길을 걸어가다가 특정한 사건이 발생하면 스마트폰을 꺼내어 사진을 찍거나 동영상을 촬영하거나 실시간으로 방송을 진행한다. 이러한 콘텐츠가 단순히 스마트폰 안에 저장되어 있는 것이 아니라 그 자리에서 소셜미디어로 업로드되고 이를 본 친구들의 상황과 입장에 따라서 공유되거나 확산된다.

콘텐츠 사안이 시급하고 중요하면 중요할수록 산불처럼 순식간에 소셜미디어 세상을 점령하며, 그 이후 신문이나 방송에서 기사로 접하게 된다. **대중이 여론을 만드는 세상이다.** 기존 언론사 입장에서는 이러한 환경이 좋은 일만은 아니다. 하지만 기업, 단체, 개인 입장에서는 환영할 일이다. 매스미디어를 통하지 않고도 하고 싶은 이야기를 할 수 있는 채널이 만들어진 것이다. 소셜미디어 채널을 만들고 운영하기 위한 비용 역시 감당하지 못할 만큼 들어가는 것이 아니다. 이론적으로는 스마트폰 하나만 가지고도 운영할 수 있다.

대중이 핫 이슈를 실시간으로 만들어내는 세상

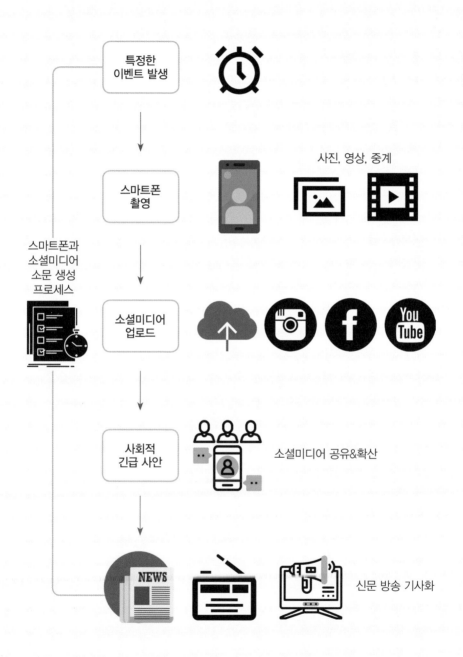

어떻게 보면 누구나 같은 환경에서 출발하고 있는 것처럼 보이기도 한다. 그러나 온라인 역시 예외적인 상황이 발생하지만 대다수가 오프라인의 연장이다. 오프라인에서 브랜드와 인지도를 가지고 있는 대기업, 연예인, 전문가들이 소셜미디어 세상에서도 유리하다.

하지만 유리함은 불리함으로 발생할 수 있다. 기존의 생각과 관습이 발목을 잡을 수 있기 때문이다. **온라인이 오프라인의 연장이라고 이야기한 부분은 인지도에 대한 부분이지 콘텐츠에 대한 부분은 아니다.** 오프라인용 콘텐츠와 온라인용 콘텐츠, 특히 소셜미디어 콘텐츠는 다르다. 이 차이가 있기 때문에 작은 기업, 비영리 단체, 사회적 경제 조직들이 소셜미디어로 브랜드가 될 가능성이 있다. 하지만 그 가능성이 점차 줄어들고 있는 것도 현실이다.

자발적으로 공유되는 콘텐츠

"어떻게 하면 고객들이 자발적으로 공유하는 콘텐츠를 만들 수 있을까?"

이런 고민을 하기 전에 먼저 사람들이 콘텐츠를 공유하는 이유를 알아야 한다. 언룰리(마케팅 전문 기술 업체)에서 동영상 재생 데이터 4,300억 건과 소비자 관련 데이터 10만 건을 분석한 결과, **사람들이 콘텐츠를 공유하는 가장 큰 이유는 '심리적 반응'과 '사회적 동기'**였다고 이야기한다. 콘텐츠가 유발하는 **감정 강도**가 강할수록 '공유'가 이뤄질 확률이 높다.

폭풍 공유 동영상의 비밀

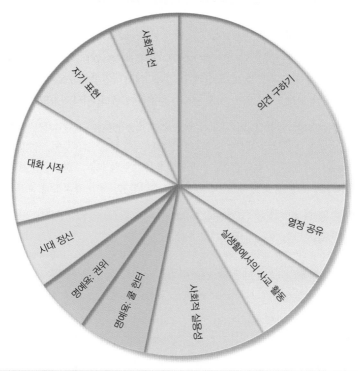

의견 구하기	"친구들이 어떻게 생각하는지 알고 싶어."
열정 공유	"이 영상으로 공통의 관심사를 가진 친구들과 공감할 수 있겠네."
실생활에서의 사교 활동	"오프라인 친구들과 친해지는 데 도움이 될 거야."
사회적 실용성	"내 친구들한테 유용할 수 있겠는데."
명예욕: 쿨 헌터	"내가 친구들에게 제일 먼저 알려야지."
명예욕: 권위	"내 지식을 자랑하고 싶어."
시대 정신	"현재의 트렌드나 사건에 대한 영상이군."
대화 시작	"온라인 대화를 시작하고 싶어."
자기 표현	"이 영상은 내 생각을 대변해 줘."
사회적 선	"대의명분을 위한 영상인데, 나도 좀 돕고 싶어."

출처: 하버드 비즈니스 리뷰 코리아

앞의 사례는 미국에서의 경우이지만 콘텐츠 종류 및 국가에 관계없이 통용된다고 본다. **당신이 만든 콘텐츠가 고객들의 어떤 동기를 자극하는가에 따라서 콘텐츠 공유 효과가 달라진다고 볼 수 있다.**

이처럼 콘텐츠의 자발적인 공유는 다른 사람들과 공감하기 위한 것이기도 하지만, 개인적인 만족감 혹은 욕망도 숨겨져 있다. 개인적인 욕망이라고 하면 '이 정도는 알고 있어야 한다.', '이러한 콘텐츠는 공유되어야 한다.', '나의 안목은 이렇게 높다.', '나는 이쪽 분야의 전문가다.' 등 다양한 감정들이 내포되어 있다.

소셜미디어 이용 시간과 공유하는 콘텐츠

동기를 파악했다면 이제는 고객들의 **소셜미디어 이용 시간**과 사람들이 **많이 공유하는 콘텐츠 유형**을 살펴보자.

오전 11시에 제일 많이 사용하고 요일별로는 화요일과 수요일에 가장 많이 사용하며, 금요일과 토요일은 사용량이 평일 대비 60~70% 수준으로 떨어진다. 소셜미디어에서 공유하는 콘텐츠를 보면 그 사람의 관심사나 성향, 취미를 파악할 수 있다. **공유는 곧 당신일 수 있다.**

시간대별 소셜미디어 사용량

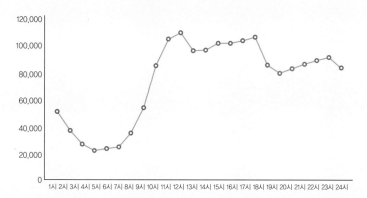

요일별 소셜미디어 사용량

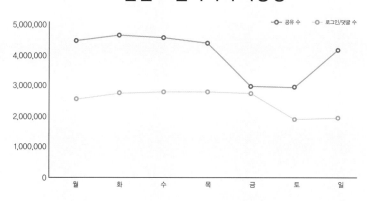

월별 소셜미디어 사용량

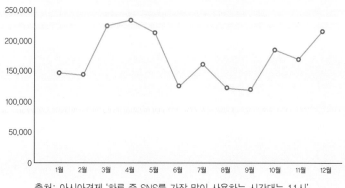

출처: 아시아경제 '하루 중 SNS를 가장 많이 사용하는 시간대는 11시'

"당신이 선호하는 유형의 콘텐츠를 선택해 보세요."

1	감정을 자극하는 콘텐츠	☐
2	기승전결, 스토리가 있는 콘텐츠	☐
3	흥미로운 이미지가 있는 콘텐츠	☐
4	시의성이 있는 콘텐츠	☐
5	간결한 문장과 명쾌한 제목으로 이루어진 콘텐츠	☐
6	유머가 있는 콘텐츠	☐
7	리스트형 콘텐츠	☐
8	'왜?'로 시작하는 콘텐츠	☐
9	정보형 콘텐츠	☐
10	퀴즈와 같은 엔터테인먼트 콘텐츠	☐

04

참여 시대, 네 가지 키워드
콘셉트, 스토리, 상품, 서비스

"소비자의 참여는 실시간이다. 디지털로 변환될 수 있는 모든 상품이 소비가 시작됨과 동시에 소셜미디어 세상으로 넘어오고 있다."

소셜미디어에서 나를 나타내는 소비

물건을 구매하는 순간, 구매한 물건을 택배로 받는 순간, 고객의 스마트폰이 움직이기 시작한다. 택배 상자가 특이하면 택배 상자를 촬영하고, 상품 포장이 특이하면 상품 포장을 촬영하고, 또는 상품을 개봉하는 과정부터 사용하는 과정까지 동영상으로 촬영하여 소셜미디어에 올린다. **소비가 나를 대변하는 세상이다.**

유튜브에서 초등학생이 특정한 종류의 도서를 스마트폰으로 촬영하면서 책에 대한 의견과 함께 도서를 추천하거나 사지 말라고 이야기를 한다. 유튜브 세상에서는 초등학생도 평론가이다. 초등학생이 추천한 책을 과연 누가 살까? 하지만 사는 사람이 있다. 필자도 그중 한 명이다.

고객들이 상품의 전반적인 경험에 대하여 참여하고 이야기한다. 몇 년 전만해도 서비스에 대한 불만이 있어도 귀찮아서 그냥 넘어가는 경우가 많았다. 이야기할 수 있는 채널도 소수였고, 이야기해도 달라질 것이 없다는 심리가 팽배했기 때문이다. 이러한 고객이 변했다. 공유를 통하여 상품이나 서비스를 전파하기도 하지만 잘못된 부분의 개선이나 사과를 요구한다. 왜냐하면 소셜미디어가 변화시키는 세상을 경험하면서 동참하기 때문이다.

물건을 받는 그 순간부터 고객의 경험이 시작된다.

택배로 받는 그 순간부터
고객의 스마트폰이 움직인다.

택배 상자가 독특하면
택배 상자를 촬영하고

상품 포장이 독특하면
상품 포장을 촬영하고

상품을 개봉하는 과정부터
사용하는 과정까지
동영상으로 촬영하여
소셜미디어에 업데이트한다.

고객 참여 유도하기

고객들의 참여를 유도하기 위해 소셜미디어에서 진행하는 대표적인 이벤트는 다음과 같다.

고객 참여 유도 소셜미디어 이벤트

① 해시 태그 이벤트

② 인증샷 이벤트

③ 댓글 이벤트

④ 퀴즈 이벤트

⑤ 공유하기 이벤트

⑥ (디자인) 응모 이벤트

⑦ 아이디어 모집 이벤트

⑧ 캠페인 이벤트

⑨ 온오프라인 연계 이벤트

고객 참여 유도형 이벤트 중 2009년 미국에서 버거킹이 진행한 '페이스북 친구 10명을 삭제하라' 라는 이벤트가 있었다. 이 이벤트는 친구 10명을 삭제하면 와퍼 한 개를 공짜로 주었다. 이벤트 1주일 만에 23만 명이 친구 목록에서 사라졌다고 한다. 말도 많고 탈도 많아 논란 속에서 중도에 사라진 이벤트이다. 하지만 각인 효과 하나는 확실했다.

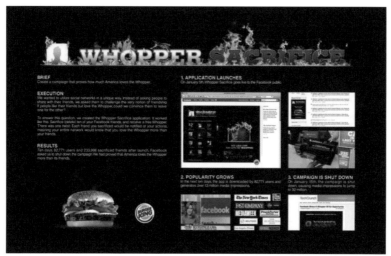

출처: 구글

해시 태그, 인증샷, 댓글, 퀴즈 이벤트는 손쉽게 기획하고 진행할 수 있다는 장점이 있지만 콘셉트가 독특하지 않으면 다른 기업들이 하는 물량 이벤트에 묻히기 십상이다. 경쟁 기업의 이벤트 정보를 확인하기 좋은 방법은 구글 이미지 검색이다. 지금 스마트폰을 열고 검색해 보자. 어떤 기업의 이벤트가 눈에 들어오는가?

고객 참여 이벤트를 기획할 때 체리피커를 고민해야 한다. 체리피커란 신포도 대신 체리만 골라 먹는 사람이라는 뜻으로, 기업의 상품이나 서비스를 구매하지 않으면서 자신의 실속을 차리기에만 관심을 두고 있는 소비자를 말한다. 실은 이러한 관점은 기업만의 관점이다. 기업 입장이 아닌 고객 입장이 되었을 때 체리피커 활용 방안이 보일 것이다. **고객 참여 시대, 우리만의 콘셉트가 있는지, 콘셉트를 뒷받침할 스토리가 있는지, 스토리를 빛낼 상품이 있는지, 상품을 제대로 전달할 서비스가 있는지, 살펴보고 고객 참여를 유도해야 한다.**

진행하고 싶은 이벤트를 선택해 보세요.

번호	이벤트	체크
1	댓글 이벤트	
2	퀴즈	
3	해시 태그	
4	공유하기 이벤트	
5	인증샷 이벤트	
6	(디자인) 응모 이벤트	
7	아이디어 모집 이벤트	
8	캠페인 이벤트	
9	온오프라인 연계 이벤트	
10	기타	

고객 참여를 유도하는 소셜미디어 이벤트

이벤트를 검색해 보세요.

경쟁 기업의 이벤트 정보를 확인하기 가장 좋은 방법은 이미지 검색

05

구매 시대,
인증샷이 구매를 부른다

"소비 인증 행위는 소비의 만족감, 즐거움 증대에 도움이 된다."
– 대학 내일 20대 연구소, 2017 20대 소비&라이프스타일 트렌드 조사

소셜미디어가 부르는 구매욕

필요하기 때문에 없기 때문에 상품을 구매하는 시대는 지났다. 타인의 눈을 의식해서 소비하는 시대도 지났다. 거리를 지나갈 때마다 많은 간판들 광고 문구들이 소비자인 우리들을 유혹한다. 하지만 대다수의 사람들이 눈길 한 번 주지 않는다. 귀에는 이어폰, 손에는 스마트폰으로 무장한 채 묵묵하게 길을 갈 뿐이다.

사람들의 시선을 잡기 위해 풍선으로 장식하고 신나는 노래와 율동이 이어지는 매장 오픈 행사도 그저 소음 밖에 되지 않는다. **사람들은 자신이 관심 없는 분야에 신경을 차단한다.** 관심있는 분야만 신경 쓰기도 벅차기 때문이다. 그만큼 세상이 빠르게 변해간다. 사람들에게 가장 희소한 자원은 '흘러가는 시간'이다.

"오프라인에서 싸늘한 구매 욕구가 소셜미디어에 접속하는 순간 봄날 눈 녹듯 사라진다."

내가 아는 사람이 구매한 물건이기에 관심이 생긴다. **친구들의 사용 후기와 그 제품을 쓰고 있는 친구들의 댓글을 보고 있으면 '나도 사야 하는 것 아닌가?'라는 생각이 절로 들 때도 있다.** 그 누구도 나에게 그 제품을 사라고 권하지 않았지만 친구가 사용하고 있다는 것 자체로 믿음이 생기기 때문이다. 소셜미디어에서 친구가 구매한 상품을 보고 따라서 한두 번쯤은 구매한 경험이 있을 것이다. 친구가 구매했다는 이유 하나만으로 제품 기능, 성능, 가격에 대하여 묻고 따지지 않고 구매를 한다. 왜

냐하면 소셜미디어 역시 오프라인과 마찬가지로 취향, 성향, 가치관이 비슷한 사람들끼리 친구가 되는 경우가 많기 때문이다.

상품을 구입하기 위하여 광고를 보거나, 회사 웹 사이트를 방문하거나, 친구에게 직접 물어 보는 시대는 저물었다. 검색 엔진에서 구입하고자 하는 제품을 검색하면 수많은 리뷰를 볼 수 있다. 블로그에서, 유튜브에서, 페이스북에서, 텍스트로, 이미지로, 동영상으로 작성한 리뷰들이 차고 넘친다. 리뷰와 더불어 제품 구매에 가장 큰 영향을 미치는 것은 구매 후기다. 리뷰와 구매 후기를 잡는 자가 승리자가 되는 세상이다.

내가 아는 사람이 구매한
물건이기에 관심이 생긴다.

친구들의 사용 후기,
그 제품을 쓰고 있는 친구들의
댓글을 보고 있으면
'나도 사야 하는 것이 아닌가'
라는 생각이 든다.

누구도 나에게 그 제품을 사라고 권하지 않았지만
친구가 사용하고 있다는 것 자체로 믿음이 생기기 때문이다.

자발적으로 우리의 일을 고객들이 공유하게 만들기

인증샷, 친구의 구매가 구매를 부르는 시대, 우리는 어떻게 해야 하는가? 고객들이 자발적으로 우리의 '일'을 소셜미디어에 공유하게 해야 한다. 어떻게 하면 좋을까? 비즈니스 상황이 같지 않기 때문에 정답은 없겠지만 다음과 같이 준비할 수도 있다.

① 고객들이 사진을 찍어서 올릴 만한 특이점을 만들어라.
- 특이점을 만든다는 것이 꼭 큰 비용이 들어가지 않는다.
- 고객들이 전혀 생각하지 못한 요소를 찾으면 된다.
- 그 요소가 우리의 정체성과 맞아야 한다.
- 매장이라면 매장이 지향하는 콘셉트에 어울려야 한다.
- 너무 이질적이면 저급하게 취급될 수도 있다.
- 아이디어가 떠오르지 않는다면 핀터레스트에서 특정 키워드 검색으로 찾아보자.

② 단골고객을 위한 고객의 날을 만들어라.
분기별 혹은 반기에 한 번씩 단골고객을 위한 고객의 날을 만들고 그 날 만큼은 진짜 왕처럼 대접하라.

③ 커뮤니티를 위한 공간 후원 혹은 뒷풀이를 위한 공간을 제공하자.
소셜미디어에서 우리가 하고 있는 일과 성향이 맞는 커뮤니티를 찾아서, 그들을 위한 공간을 후원하라.

④ 택배상자에 보냉재 대신 물을 얼려서 보내자.
보냉재는 쓰레기이지만 물은 아니다. 같은 값이면 고객에게 도움이 될 수 있는 소재로 바꾸어 보자.

⑤ 가끔 손 편지도 써보자.
아날로그의 정겨움은 디지털을 앞선다.

⑥ 무더운 여름날 냉수를 공짜로 주자. 사람들을 오게 만들자.

리뷰 전성 시대

상품 구입 위해

광고를 보거나,
회사 웹 사이트를 방문하거나,
친구에게 물어 보는,

블로그　　쇼핑몰　　유튜브　　텍스트

페이스북　　이미지　　인스타그램　　동영상

고객들의 소셜미디어에 우리가 노출되려면?

1　고객들이 사진을 찍어서 올릴 만한 특이한 요소를 만들어라.

2　단골 고객을 위한 고객의 날을 만들어라.

3　커뮤니티를 위한 공간 후원 혹은 뒷풀이 공간을 제공하라.

4　남들과는 거꾸로 행동하라.

5　논쟁 거리를 제공하라.

6　고객 지향 콘텐츠를 만들어라.

06

데이터 시대,
셜록홈즈처럼 스몰 데이터를 읽어라

"세상은 정보화 시대에서 데이터 시대로 가고 있다."
– 마윈

개인의 데이터가 모인 빅데이터

내 친구가 무엇을 좋아하는지 혹은 회사 동료가 무엇을 선호하는지는 상대가 말해주기 전까지는 알 수 없다. 아무리 친한 사이라도 본인이 좋아하는 것을 시시콜콜하게 이야기하지는 않는다. 소셜미디어에서도 마찬가지이다. 처음부터 모든 것을 이야기하지 않으며 한꺼번에 이야기하지도 않는다.

그렇다면 개인적인 취향은 어떻게 오픈될까? 직접 쓴 글, 인용한 링크 자료, 구매한 제품, 올린 음식 사진 등 그 사람의 글을 꾸준하게 읽다 보면 개인적인 취향이 조금씩 보이기 시작한다. 그렇다고 모든 것을 다 알 수 있는 것은 아니다. 왜냐하면 선별하여 보여주고 싶은 모습만 보여 주는 경우가 많기 때문이다. 우리는 그 사람이 작성한 데이터 궤적을 따라가면서 유추할 뿐이다. 이러한 실시간 개인 데이터 축적 플랫폼은 예전에는 없었다. 있었더라도 광범위하게 다양한 사람들이 이용할 수 있는 플랫폼이 아니었다.

개인들의 작은 데이터들이 쌓이고 쌓여서 소셜미디어 빅데이터가 된다.

소셜미디어 빅데이터를 분석하기는 힘들지만 소셜미디어 마케팅을 위한 키워드 분석은 쉽다. 예를 들어 인스타그램 해시 태그(#)와 네이버 데이터랩 검색을 잘 조합하면 특정한 계층이 선호하는 흐름을 알 수 있다.

1분 동안 인터넷에서 생성되는 데이터의 양

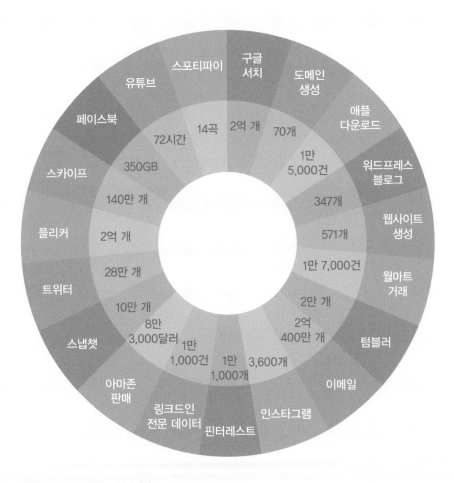

출처: 스마트 과학관 - 빅데이터

사용자의 데이터가 검색되고 활용되는 시대

인스타그램에서 '#낚시스타그램'으로 검색하면 약 10만 건의 이미지가 검색된다.

네이버 데이터랩(datalab.naver.com)에서 검색 범위를 '모바일', '여성', 연령을 '25~29', 키워드를 '낚시', '캠핑', '등산'으로 검색하면 2017년부터 낚시와 캠핑의 격차가 줄고 있음을 알 수 있다. 한때 낚시는 한물간 취미 또는 사양 산업이라고 했지만 채널 A의 '나만 믿고 따라와 도시어부'의 등장으로 다시금 젊은 층들이 낚시에 관심을 가지게 되었다.

출처: 채널 A 도시어부

이러한 식으로 고객의 생각을 분석하는 시대가 온 지는 얼마 되지 않았다. 데이터가 하루아침에 만들어지는 것도 아니고 데이터 한두 건을 가지고 해석할 수도 없는 일이기 때문이다. 하지만 2010년 이후 사람들이 꾸준하게 스마트폰을 활용하여 개인 데이터를 소셜미디어에 올리기 시작하면서 차곡차곡 쌓인 데이터들이 기업 입장에서 빛을 발하기 시작했다.

사용자들의 빅데이터를 분석하여 일반 요구르트보다 큰 대형 요구르트를 출시하고, 만두를 맥주 안주로 많이 먹는 인스타그램 이미지를 활용하여 맥주와 만두를 함께 판매하는 전략을 수립하여 마케팅을 펼치기도 한다.

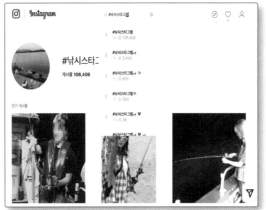

인스타그램 해시 태그 검색

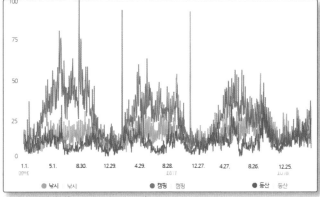

네이버 데이터랩(datalab.naver.com)

데이터 시대에 살아 남기 위해 할 수 있는 방법

데이터 시대에 살아 남기 위해 무엇을 해야 할까? 다음과 같은 방식으로 변화를 읽어 보고, 정리하고, 공유해 보자.

① 키워드 검색, 해시 태그 검색 생활화하기

검색 생활화를 통해 고객의 생각에 좀 더 근접할 수 있는 방법들을 모색할 수 있다.

② 사람들이 즐겨 보는 예능 방송 트렌드 변화 읽기

사람들의 웃음 코드에 대한 변화 및 콘텐츠의 콘셉트를 차별화하는 방법, 자막을 효율적으로 활용하는 방법을 배울 수 있다. **특히 자막을 효율적으로 활용하는 방법은 카드 뉴스를 만들 때 효과적으로 사용할 수 있다.**

③ 고객들이 자주 사용하는 소셜미디어 변화 읽기

소셜미디어 변화 읽기를 통해 **마케팅에 대한 선택과 집중**을 할 수 있다.

④ 소셜미디어에서 사람들이 사용하는 톤 앤 매너 변화 읽기

사회 분위기를 읽을 수 있다. 톤 앤 매너가 조급해져 있거나 신경질적으로 변해 있거나 우울해져 있다면 사회 전반이 힘든 시간을 보내고 있다고 유추할 수 있다. 이때 내가 보는 사람들의 데이터가 세상 사람 모두를 대변하지 않는다는 것에 유의하자.

⑤ 일주일에 한 번 생각 정리하기

본다고 해서 모두 다 내 것이 되는 것은 아니다. 최소한 일주일에 한 번 정도 여유를 가지고 내가 본 것을 정리할 수 있는 시간을 가져야 한다. 정리되지 않은 생각은 오히려 머리를 어지럽힐 뿐이다.

⑥ 정리된 데이터 공유하기

정리한 데이터를 클라우드 서비스에 저장하고, 필요한 사람들과 데이터를 공유하자. 필요하면 블로그에 포스팅도 해 보자.

데이터 시대 세상 변화 읽기

키워드 검색, 해시 태그 검색 생활화하기

사람들이 즐겨 보는 예능 방송 트렌드 변화 읽기

고객들이 자주 사용하는 소셜미디어 변화 읽기

소셜미디어에서 사람들이 사용하는
톤 앤 매너 변화 읽기

일주일에 한 번 생각 정리하기

PART 02

기본

본질에
집중하기

01

다움(정체성)
찾기

나만의 브랜드를 만들기 위한 정체성 찾기

마케팅의 핵심은 정체성을 찾는 '다움'에서 시작된다고 해도 과언이 아니다. '다움'을 찾기 위해서 왜 이 일을 하는지, **일의 목적에 대하여 생각해 보아야 한다.**

사업의 기본은 매출이다. 하지만 매출이 목적이 되어서는 안 된다. 왜냐하면 내가 원하는 매출 이상을 만들게 되면 사업의 목적이 사라지기 때문이다. 그 이상의 것이 있어야 한다.

식당을 운영한다고 해도 운영자에 따라 목적이 다르다. 건강한 음식을 제공하기 위해서, 맛있는 음식으로 행복을 주기 위해서, 사람들 사이에 대화를 제공하기 위해서 등 다양한 목적이 있다. 처음부터 이러한 목적을 이루기 위해 창업할 수도 있고, 사업을 하다가 목적이 만들어지는 경우도 있다.

불과 몇 년 전만 하더라도 사업을 하는 이유나 장사의 철학은 현학적인 이야기로 치부되었다. 굳이 이러한 이야기를 한다고 해서 누가 알아주는 것도 아니고 괜히 자기 자랑으로 비추어지기 십상이었다. 하지만 달라진 세상에서는 수많은 사람들 중에서, 기업 중에서, 매장 중에서, 제품 중에서 **왜 당신을 선택해야 하는지 그 이유를 알려 달라고 고객들이 이야기한다. 침묵이 금인 시대는 지났다.** '다움'을 찾는다는 것은 나만의 브랜드를 만들기 위한 첫걸음이다.

또한 나만의 사업 철학, 신념이 없으면 소셜미디어에서도 차별화된 이야기를 하기 힘들다. 이야기를 하더라도 내 이야기가 아닌 다른 사람의 이야기를 하거나, 혹은 '이런 이야기를 하면 고객들이 좋아할까?'하며 눈치를 보게 된다. 시간이 가면 갈수록 쓸 말이 없어진다. 이러한 상태가 오래 지속되면 소셜미디어가 악몽이다. **누군가에게 잘 보이기 위해서 꾸미는 것은 오래가지 못한다.**

Who, What, How, Why

누구를 위하여
무엇을 가지고
어떻게
왜 하는가?
고객은 당신에 대하여 알고 싶습니다.

정체성을 찾기 위해 스스로 질문하기

① 내가 하는 사업을 시대 정신에 맞게 정의할 수 있는가?

이 질문은 하는 일에 대한 핵심을 묻는 질문이다. 예를 들면 식당을 하지만 핵심은 미용업일 수 있다. 왜냐하면 먹으면서 피부를 가꾸고자 하는 사람들을 위해 피부에 좋은 식단으로만 구성하고 서비스하기 때문이다. 그래서 하는 일의 매개체는 식당이지만 본질은 미용업인 것이다. 이렇게 정의를 내리게 되면 어떤 사람이 우리의 고객인지, 어떻게 인테리어를 해야 하는지, 어디에 매장을 오픈해야 하는지 일사천리로 진행된다. 내가 하고 있는 일의 정의는 다른 사람이 내려주는 것이 아니라 내가 하는 것이다. 내 일을 다른 사람들의 의도대로 흘러가게 방치하면 안 된다.

② 왜 이 일을 하는가?

일을 시작하게 된 계기나 이유를 묻는 질문이다. 일을 시작하게 된 계기가 특별하거나 반전이 있는 스토리라면 사람들에게 몰입감을 줄 수 있다.

탐스 창업자는 아르헨티나 여행을 하다가 신발이 없는 아이들을 보게 되고, 그 아이들을 위하여 신발을 줄 수 있는 방법을 고민하다가 신발 하나를 팔 때마다 하나를 기부하는 'One for One' 기부를 생각했다.

③ 내가 하는 일은 고객의 삶에 어떤 가치를 제공하는가?

고객 입장에서 우리 서비스가 고객 삶에 어느 정도를 차지하는지 생각해 보면 된다. 고객의 삶에 차지하는 비중이 높을수록 고객과 떨어질 수 없는 사이가 된다. 필자가 살고 있는 아파트에는 세탁소가 네 곳이 있다. 하지만 그중에서 한 곳만 이용한다. 만약 그 세탁소가 폐업을 한다면 굉장히 슬플 것이다. 왜냐하면 필자가 세탁소를 선택하는 기준은 비용도, 시간도, 서비스도 아닌 깨끗함이기 때문이다. **고객이 상품이나 서비스에 대해 느끼는 가치는 객관적인 것이 아닌 주관적인 것이다. 그렇기 때문에 더욱 고객 입장에서 생각을 해야 한다.**

'다움'으로 시작하는 나만의 브랜드를
만들기 위한 체크 포인트

1 내가 하고 있는 사업을 시대 정신에 맞게 나만의 정의로 작성하기

우리는 미용업이다.
피부에 좋은 식단만으로 구성해서 서비스
매개체 – 식당
본질은 미용업

고객 － 인테리어 ― 매장
오픈 － 홍보
마케팅

일사천리로 진행

2 왜 이 일을 하는가?

개인적인
신념

사회적
트렌드

이유나
계기

재능, 기술

3 내가 하는 일은 고객의 삶에 어떤 가치를 제공하는가?

꿈/희망

특정한 기능적
문제 해결

편안함

기타

④ 나의 제품과 서비스는 누구에게 가장 사랑받기를 원하는가?

머릿속에 떠오르는 사람들의 목록을 작성해 보자. 당신의 서비스를 받고 행복해졌으면 하는 사람은 누구인가?

⑤ 나의 핵심 고객을 이해하고 있는가?

핵심 고객을 어느 정도 알고 있는가에 대한 질문이다. 좋아하는 드라마나 영화를 보게 되면 어느 순간 주인공에 대하여 주인공보다 더 잘 알게 된다. 왜 저런 행동을 하는지? 무엇 때문에 고민을 하는지 설명해 주지 않아도 알 수 있다. 즐겨 보는 드라마 속 주인공보다 더 고객에 대해 잘 알고 있어야 한다.

⑥ 나의 제품과 서비스를 통해 고객이 가질 기능적, 감정적, 경제적 혜택을 구체적으로 표현할 수 있는가?

이 질문에 대한 답변이 구체적으로 나오지 않으면 다시 한번 생각해 보아야 한다. 왜냐하면 이 부분이 나에 대한 차별화를 더욱 도드라지게 하기 때문이다.

또 다른 방법으로는 사업을 시작했을 때로 되돌아 가 보는 것이 있다. 그때 어떠한 마음가짐으로 시작하게 되었는지 생각해 보고 우리에 대하여 고객들이 어떻게 이야기하는지 귀담아 들어 보자. 막연하게 살펴보거나 듣는 것이 아닌 **나를 표현할 수 있는 진심 어린 단어를 찾는 것이 중요하다. 무엇인가 있어 보이거나, 좋아 보이거나, 꾸며 주는 말을 찾는 것이 아니다.** 처음부터 보이지 않을 수도 있다. 하지만 포기하지 않고 끝까지 찾아야 한다. 여기서 포기하면 앞으로 나갈 수 없다.

'다움'으로 시작하는 나만의 브랜드를 만들기 위한 체크 포인트

4 나의 제품과 서비스는 누구에게 가장 사랑받기를 원하는가?

사랑받고 싶은 사람의 얼굴을 그려보세요

5 나의 핵심 고객을 이해하고 있는가?

무엇을 보고 있나요?
어떤 고민이 있나요?
어떤 상황인가요?

6 고객이 가질 기능적, 감정적, 경제적 혜택은 무엇인가?

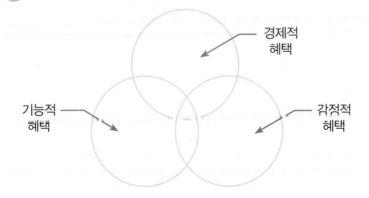

경제적
혜택

기능적
혜택

감정적
혜택

고객
파악하기

고객 정의하기

"매출을 책임지는 고객은 누구입니까?"라는 질문을 들었을 때 고객의 이미지가 바로 떠오른다면 당신의 비즈니스는 파란색 신호등을 유유히 통과하고 있을 것이다. 반면 '고객'이라는 단어를 들었을 때 머릿속이 백지가 되거나, 떠오르는 고객이 뿌옇고 흐릿하다면 빨간색 신호등 앞에서 정체되어 있는 비즈니스를 발견하게 될 것이다.

우리의 비즈니스를 책임지는 것은 아이러니하게도 **우리가 아닌 '고객'**이다. 우린 그저 만든 것을 고객들이 잘 찾고 선택하게 만들면 된다. 그 이후는 우리의 몫이 아닌 고객의 몫이다. 처음부터 끝까지 모든 것을 기업의 통제하에 두려는 기업도 있었다. 그런 세월은 되돌아오지 않는다. 고객이 진짜 기업의 주인이 되는 시대가 도래한 것이다. **고객을 왕으로 모시던 시대도 끝났다.** 궁궐 속 높은 곳에 존재하는 고객이 아니라 기업 내부에 와서 **'콩나라 배나라'** 시시콜콜 참견하는 고객들의 전성 시대이다.

이러한 시대일수록 다음과 같은 질문을 통해 **우리만의 고객에 대한 정의**를 내려야 한다.

진짜 고객은 누구인가?

- 우리가 원하는 고객이 있는가?

- 어떤 존재인가?
- 어떤 문제(결핍)를 가지고 있는가?
- 문제를 어떻게 해결하고 있는가?

- 기존 상품을 통해 해결하지 못한 욕구는 무엇인가?
- 고객의 소비 지향점과 우리의 판매 지향점이 같은가?

- 어디에 가면 고객을 만날 수 있는가?

- 우리 내부 역량으로 고객을 만족하게 할 수 있는가?

페르소나로 고객 추정하기

우리만의 고객을 정의했다면 그다음에 할 일은 고객을 텍스트가 아닌 살아 있게 만드는 것이다. 바로 고객 페르소나를 활용하여 최대한 고객의 이미지를 추정해 보는 것이다.

페르소나는 어떤 제품 혹은 서비스를 사용할 만한 목표 인구 집단 안에 있는 다양한 사용자 유형을 대표하는 가상의 인물이다. 제품이나 혹은 서비스를 개발하기 위하여 시장과 환경 그리고 사용자를 이해하기 위해 사용되는데 특정한 상황과 환경 속에서 전형적인 인물이 어떻게 행동할 것인가에 대한 예측을 위해 실제 사용자 자료를 바탕으로 개인의 개성을 부여하여 만들어진다. 가상의 인물을 묘사하고 그 인물의 배경과 환경 등을 설명하는 문서로 꾸며지며, 가상의 이름, 목표, 평소에 느끼는 불편함, 그 인물이 가지는 필요 니즈 등으로 구성된다.

— 출처: 위키백과

고객과 관련하여 놓치면 안 되는 부분이 있다. 바로 **이해관계자**이다. 이해관계자란 고객 주변에서 고객이 무엇인가를 구입하기 위하여 선택을 했을 때 구입을 부추기거나 말리는 존재이다. 이러한 존재에 대하여 신경을 써야 하는 이유는 이해관계자들의 소셜미디어 활용 때문이다. 이해관계자는 본인에게 필요하지 않아도 필요한 사람에게 추천해 줄 수 있고 구매를 위하여 함께 매장으로 가기도 한다.

이러한 사례는 가족이나 친구 사이에서 많이 일어난다. 아빠가 딸을 위하여, 딸이 아빠를 위하여 필요한 것을 챙겨 주고 있기 때문이다. 이렇기 때문에 소셜미디어 운영을 위한 채널을 선택할 때 신중해야 한다. 특정 소셜미디어에 우리가 원하는 고객이 없더라도, 구매 고객 여부를 좌지우지할 수 있는 이해관계자가 있다면 이해관계자를 만족하게 하기 위해 해당 소셜미디어 채널을 운영해야 한다. 이때 주의해야할 사항은 제품에 대한 특성이다. 제품의 특성상 구매 고객이 누구와도 이야기 없이 독단적으로 구입하는 제품이라면 굳이 이해관계자까지 고민하면서 소셜미디어 채널을 선택하지 않아도 되며 고객이 있는 곳에서 최선을 다하면 된다.

우리 고객은 제품을 구매할 때
어떤 가면(페르소나)을 쓰고 구매하는가?

누가 제품
구입을 추천하고
누가 말리는가?

"미운 시누이는
누구인가?"

이해관계자

소셜미디어에서 누가 우리의 이야기(정보, 상품)를
고객에게 전달해 주는가?

"누가 마당발인가?"

고객 경험 지도 만들기

고객을 좀더 알기 위해서 **고객 경험 지도**를 만들면서 고객의 속마음을 따라가 보는 방법도 있다. 고객 경험 지도는 고객을 직접 관찰하거나, 고객에게 질문하거나, 또는 내가 직접 고객이 되어 고객의 상황을 재현해 보면 된다. 페르소나가 가상으로 고객을 추정해 본 것이라면, 고객 경험 지도는 고객이 되어 보는 것이다.

고객 페르소나와 고객 경험 지도는 단 한 명만 그리는 것이 아니다. 가능하면 다양한 형태의 고객을 묘사해 보아야 한다. 고객이 다르면 같은 종류의 아이템이라 하더라도 직접적인 경쟁자가 아니며 비즈니스 모델이 달라질 수 있다. 사양 산업이 사양 산업이 아닐 수 있다. 고객은 우리가 가르치거나 계몽하는 대상이 아니다. 고객을 무조건 매출의 대상으로 보는 것도 위험하다. **고객은 우리가 필요할 때 한 장씩 뽑아 쓰는 티슈가 아니다. 우리와 함께 길을 가는 존재이다.** 우리가 힘들고 어려울 때 격려를 해 주고 응원하는 사람들이다.

연예인들과 팬의 관계를 살펴보면 쉽게 알 수 있다. 팬들은 본인이 좋아하는 연예인이 힘들 때 외면하지 않고 응원과 지지를 보낸다. 우리 역시 이러한 관계를 만들어야 한다. **고객과의 관계는 당신이 만드는 것이지 누가 대신 만들어 주는 것이 아니다.**

고객 경험 지도

고객 감정 \ 고객 경험	서비스 경험 전	서비스 경험 중	서비스 경험 후
와우	★ ★ ★ ★ ★		
좋음			★ ★ ★ ★
보통		★ ★ ★	
나쁨			
아주 나쁨			

고객과의 관계에서 고려할 것

고객과의 관계를 만들 때 고려할 것을 생각해 보자.

① 생각과 느낌(Think & Feel): 고객의 마음 속에는 어떤 생각과 감정이 숨어 있는가?
   중요하게 생각하고 있는 것, 주요한 관심사, 걱정과 열망은 무엇인가?

② 영향력(Hear): 고객에게 영향을 미치는 다양한 요소는 무엇이 있을까?
   친구의 이야기, 가족의 이야기, 연예인·유명인·전문가의 이야기, 주변 사람들,
   대중 매체, 소셜미디어 등

③ 경험(See): 고객이 처해 있는 환경과 경험은 어떤 모습일까?
   • 하루 종일 어떠한 환경에 처해 있는가?
   • 어떠한 경험이 행복하게 만들고, 어떠한 경험이 좌절하게 하는가?

④ 말과 행동(Say & Do): 어떤 말을 많이 하고 행동하는가?
   • 어떤 말을 많이 하는가? 부정적인 단어인가? 긍정적인 단어인가?
   • 특정한 제품이나 서비스에 대하여 어떻게 이야기하고 평가하는가?

⑤ 고통(Pain): 고통, 불만, 리스크는 무엇인가?
   • 고객에게 두려움을 주는 것, 좌절감을 주는 것, 장애물은 무엇인가?
   • 가장 큰 불만은 무엇인가?

⑥ 비전(Gain): 고객이 진정으로 원하는 것은 무엇인가?
   • 필요한 것은 무엇인가?
   • 고객의 성공 기준은 무엇인가?

고객의 속마음은 어떨까?

Think & Feel
고객의 마음 속은 어떻게 생겼을까?

Hear
고객을 움직이게 만드는 목소리의 주인공은 누구인가?

See
고객은 하루 종일 어떤 일을 하고 있을까?

Say & Do
고객의 말과 행동은 같을까? 다를까?

Pain
고객의 고통, 불만, 리스크를 알고 있는가?

Gain
고객이 진짜로 원하는 것은 무엇일까?

콘셉트
만들기

"개념에 대한 정의를 바꾸지 않으면 누군가 정의한 세계 속에 갇혀 남과 다
른 생각을 할 수 없다. 정의를 바꾸면 세상을 남다르게 볼 수 있는 생각이 잉
태되기 시작한다."
– 출처: GS칼텍스 매거진(아이디어는 '발상'이 아니라 '연상')

이해하기

콘셉트란 남들과 다른 관점에서 보고 표현하는 능력이다. 콘셉트가 중요한 이유는 사업을 하는 사람들의 조건이 비슷해졌기 때문이다. 품질, 디자인, 가격, 서비스, 맛에 대한 차이가 그리 크지 않다. 상표만 가리면 어떤 것이 특정 회사의 제품인지 분간하기 힘든 경우가 많다. 이런 시대에 우리가 하고 있는 일을 다르게 표현하려면 남들과는 다른 우리만의 시각이 필요하다. **즉, 콘셉트는 차별화다.**

광화문 세종문화회관 뒷편 골목에 옛날 김치찌개 맛의 원형을 지키면서 장사를 하고 있는 김치찌개 전문점이 있다. 장소가 협소한 관계로 점심 시간에 가면 언제나 줄을 서서 기다린다. 김치찌개 전문이지만 난 이 집을 기억할 때 계란말이로 기억한다. 그 어떤 김치찌개 식당에서 맛 보지 못한 계란말이를 제공하기 때문이다. 김치찌개에 계란말이를 같이 먹고 싶으면 무조건 그 집으로 간다.

무엇인가를 하고 싶을 때 무조건 갈 수밖에 없는, 살 수밖에 없는 조건을 만드는 것이 콘셉트이다. 말이 쉽지, 실제로 명분을 줄 수 있는 한 마디인 콘셉트를 만들기란 쉽지 않다. 하루아침에 만들어지지도 않고 내가 만든 콘셉트를 고객이 좋아하지 않을 수도 있다. 콘셉트를 만들기 전에 다른 기업들은 어떻게 하고 있는지 살펴보는 것이 필요하다.

콘셉트란
남들과 다른 관점에서
보고 표현하는
능력이다.

내가 하고 있는
사업을 어떻게
표현할 수 있을까?

김치찌개 전문점은
김치찌개만 맛있으면 올까?
어떻게 하면 올 수 밖에 없는
필수 요소를 만들
수 있을까?

관찰하기

'콘셉트'하면 떠오르는 기업이 애플이다. 특히 맥북에어 신제품 발표 때 보여준 스티브잡스의 모습은 차별화된 콘셉트 교과서라고 할 수 있다. 맥북에어는 그동안 나왔던 노트북 중에서 가장 얇고 가벼운 노트북이었다. 그래서 이름에서도 '에어'라는 단어를 사용했다. 만약 당신이 스티브잡스라면 어떻게 맥북에어의 차별화된 모습을 소개하겠는가? 저울을 가지고 와서 기존의 노트북과 맥북에어의 무게를 비교할 것인가? 아니면 비교 대상을 노트북이 아닌 다른 물건을 사용하겠는가? 스티브잡스는 기존의 노트북이나 물건과 비교하지 않았다. 대신에 다른 방법을 사용하였다. 사무실에서 많이 볼 수 있는 노란색 서류 봉투에서 맥북에어를 꺼내서 보여준 것이다.

왜 스티브잡스는 노란색 서류 봉투를 선택했을까? 아마도 고객군이 직장인 또는 프리랜서였기 때문이었을 것이다. 이 모습을 현장에서 직접 본 사람들에게 맥북에어 크기나 무게에 대한 설명은 더 이상 필요 없는 것이다.

무엇을 할 수 있는지 이야기해 주면 된다.

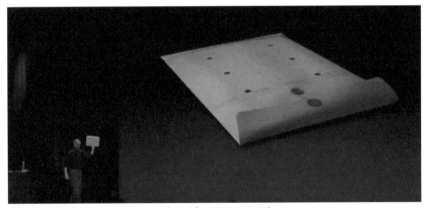

출처: 유튜브(https://www.youtube.com/watch?v=53LkeO13_9E)

노트북을 만드는 삼성전자, 엘지전자 광고와 애플 광고를 비교해서 보면 콘셉트가 무엇인지 금방 이해하게 된다. 또는 삼성 갤럭시 광고와 애플 아이폰 광고를 비교해 보는 것도 재미있다. 콘셉트에 대한 인식이 없었다면, 지금부터 공부를 하면 된다. 이론적인 공부가 아닌 일상 생활 속에서 관찰해 보고 생각해 보는 것만으로도 감각을 키울 수 있다.

일상 생활 속에서 콘셉트를 공부하는 방법

TV에서
- 예능 프로그램 보면서 차이점 찾기
- KBS, SBS, MBC, JTBC 뉴스 보면서 다른 점 찾기
- TV 광고 보면서 찾기

홈쇼핑 채널에서
- 특정한 카테고리의 제품을 채널별로 어떻게 설명하고 판매하는지 살펴보기

책에서
- 특정 주제 30권의 책 제목과 목차 읽어 보기

거리에서
- 간판들 속에서 차별화된 간판 찾아보기
- 차별화된 간판과 서비스의 내용이 같은지 매장에서 경험해 보기

소셜미디어에서
- 특정한 이벤트나 사건을 가지고 사람들이 어떻게 표현하는지 분석해 보기

음악에서
- 사랑, 이별에 대한 노래를 가수나 작곡자마다 어떻게 표현하는지 분석해 보기
- 리메이크 음악을 들어 보고 원곡과 어떻게 다른지 찾아보기

도출하기

콘셉트를 공부하기에는 시간이 없고, 쉽고 빠르게 우리만의 콘셉트를 도출할 수 있는 방법이 없을지 고민한다면 속성으로 할 수 있는 몇 가지 방법이 있다.

만다라트 활용하기

만다라트란 일본 디자이너 이마이즈미 히로아키가 개발한 발상 기법으로 Manda+La+Art가 결합된 이름이다. Manda+La는 '목적을 달성한다'는 뜻이고, Mandal+Art는 '목적을 달성하는 기술'을 의미한다.

동물에 비유해 보기

- 우리와 가장 많이 닮은 동물은 무엇인가?
- 그 동물을 선택한 이유는 무엇인가?
- 그 동물의 어떤 부분과 우리가 가장 많이 닮았는가?

육감법으로 찾아보기

- 시각적으로 표현한다면
- 냄새로 표현한다면
- 소리로 표현한다면
- 맛으로 표현한다면
- 촉각으로 표현한다면
- 마지막으로 육감적으로 표현한다면 어떻게 표현할 수 있을까?

콘셉트는 다른 곳에서 찾는 것이 아닌 '내 안에서' 찾는 것이다. 그런 면에서 '다움' 찾기와 콘셉트 발굴하기는 일맥상통한다. '다움'이 곧 콘셉트이기 때문이다. 콘셉트가 시대 정신과 맞지 않고 고객들이 받아드리기 어렵다면 재조정해야 한다.

만다라트 사용법

	A			B			C	
			A	B	C			
	H		H	주제	D		D	
			G	F	E			
	G			F			E	

1 9개로 나누어지는 정사각형 가운데에 주제를 작성한다.

2 주변 칸에 주제와 관계 있는 키워드를 작성한다.

3 A부터 H까지 채워진 키워드를 8개의 블럭으로 이동하고 연상되는 키워드를 작성한다.

4 키워드 작업이 다 끝난 이후 임의로 선택한 키워드를 조합하여 콘셉트를 도출한다.

04

마케팅
기본기 익히기

환경 분석하기 – 세상의 변화에 민감하자

마케팅에 대한 개념을 알고 시작하는 것과 모르고 시작하는 것에는 큰 차이가 있다. 좋은 상품이라고 해도 팔리지 않으면 아무런 의미가 없다. 마케팅이란 고객이 우리 제품(서비스)을 자발적으로 살 수밖에 없는 환경을 구축하는 것이다.

이를 위하여 첫 번째로 할 일은 나를 둘러싼 환경 분석을 하는 것이다. 정치, 경제, 사회, 문화, 기술이 어떻게 변하고 있는지, 이러한 변화가 고객에게 어떠한 영향을 미치는지 파악해 보자. **세상이 어느 순간 갑자기 '짠'하고 변하는 것 같지만 그렇지 않다.** 변화가 있기 전에 무수히 많은 신호들이 시장에 나타난다. 이러한 신호를 평상시 알기 위해서는 환경(트렌드) 분석이 필요하다. 트렌드는 트렌드 분석 책 몇 권 보았다고 보이는 것이 아니다. 평상시 꾸준한 관심을 가지고 지켜 보아야 볼 수 있다. 시간과 에너지를 많이 소비하는 일이지만 소홀하면 거대한 흐름에서 동떨어질 수 있다. 트렌드 분석은 사업 규모에 상관없이 해야 할 일이다.

특정한 이슈를 보고 스스로 다음과 같이 질문해 보자. "이 이슈가 지금은 우리가 운영하는 매장이나 사업체에는 영향을 주지는 않는다. 하지만 이 현상이 확대된다면 향후 어떠한 영향을 미칠 것인가?"

SWOT 분석하기 – 변화 속에서 우리의 강점은 무엇인가?

두 번째로는 환경 분석을 통하여 파악한 자료를 가지고 내부의 강점 및 약점, 외부에서 발생하는 기회 요인과 위협 요소를 파악한다. 우리가 가지고 있는 강점이 진짜 강점인지, 약점이 진짜 약점인지, 스스로 질문하고 검토해야 한다. 상황은 시시

각각으로 변한다. 변화의 흐름 속에서 어제 강점이 오늘의 약점이 되기도 하고, 오늘 약점이 내일의 강점이 되기도 한다. 외부에서 발생하는 기회가, 기회가 아닌 스쳐 지나가는 바람이 되기도 한다. 위험 요소 역시 마찬가지이다. 그렇기 때문에 신중하게 생각하고 제대로 보아야 한다. 이렇게 파악한 요소를 가지고 4×4 매트릭스 (강점, 약점, 기회, 위기)를 활용하여 분석하고 대응 전략을 수립한다.

SWOT(강점, 약점, 기회, 위기) 분석을 잘하기 위해서는 평상시 연습이 필요하다.

일상 생활 속에서 환경 분석력 키우기

읽기
- 스마트폰으로 뉴스 읽기
- 해시 태그 검색하기
- 특정 분야 잡지 및 논문 읽기

만나기
- 한 달에 한 번 타 업종 사람 만나기
- 세미나 참석하기
- 친구들 만나기

보기
- 사람 관찰하기
- 서점 방문하기
- 뜨고 있는 예능 보기

정리
- 환경 부석 노트 만들기
- 크라우드 메모 서비스 활용
- 키워드 중심으로 쓰기

시장 세분화하기 – 우리와 합이 가장 맞는 고객은 누구인가?

세 번째 들어가고자 하는 시장을 구분 짓는 시장 세분화(Segmentation)를 하는 것이다. 시장 세분화는 정량적 혹은 정성적으로 분류하거나 혼합해서 사용한다. 정량적이란 인구 통계 기반, 거주 지역 기반, 소득 수준 기반 등 숫자로 표현할 수 있는 것을 지칭하며, 정성적이란 웰빙 주의, 친환경 주의, 가치 기반 소비, 브랜드 선호 등 성향에 기반한 분류이다.

오프라인 기반 창업을 한다면 특정한 지역에서 현재 영업을 하는 경쟁자와 경쟁에서 이길 수 있는지 살펴보아야 한다. 감당할 수 없는 업체가 그 지역에 자리를 잡고 있다면, 욕심이 나더라도 포기해야 한다. 아니면 필승의 전략을 만들고 들어가야 한다. 처음부터 질 것이 뻔한 게임은 하지 말자. 경쟁자가 없더라도 일정한 규모 이상의 소비력이 있어야 한다.

시장 세분화가 중요한 이유는 내가 싸우고자 하는 전쟁터를 정하는 일이기 때문이다. 시장 세분화는 당신이 생각하는 것보다 더 중요한 일이다. 마케팅 전략을 잘 수립했다고 하더라도 당신의 마케팅 전략이 잘 적용되지 않은 지역도 있기 때문이다.

타기팅/포지셔닝 – 누구에게 보라색 장미를 선물할 것인가?

네 번째로 타기팅과 포지셔닝을 해야 한다. 주 고객을 정하는 이유는 마케팅 비용이 한정되어 있을 뿐만 아니라 세상의 모든 고객들을 만족하게 할 수 없기 때문이다. 타기팅에서는 고객과 우리의 연결 접점이 있는지 확인을 하는 것이 중요하다. 고객이 좋다고 하더라도 우리와 연결된 접점이 없으면 의미가 없다. 견우와 직녀를 만나게 할 수 있는 오작교가 필요하다.

단 한 번으로 끝나는 타기팅은 없다. 다양한 형태의 타기팅을 통하여 새로운 고객을 발견하기도 한다. 타기팅은 머리로 하는 것이 아닌 발로 뛰면서 현장에서 하는 것이다.

소셜미디어를 보고 같은 제품을 구매하는

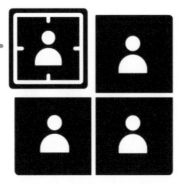

강북에 거주하고 있는 여대생 집단

나의 고객은 누구인가요?

20세 여대생, 강북에 거주하고
서울에서 대학을 다니고 있으며,
한 달에 50~80만 원 쌍꺼풀 시술,
아직 남자친구는 없는 상태이며
화장하는 방법에 관심이 많음

핵심 고객 타기팅을 위한 체크 포인트

- 고객을 선택한 이유는 무엇인가?
- 고객과 만날 수 있는 접점이 있는가?
- 마니아 층을 만들 수 있는가?
- 고객을 만족하게 할 매력적인 요소가 있는가?

타기팅을 통하여 만난 고객의 두뇌속에 어떤 가치를 넣을 것인가가 포지셔닝이다. 포지셔닝은 고객의 머릿속에 경쟁자가 차지하지 않는 위치를 점유하는 것이다. 모든 업체가 핵심 고객을 알고 있다. 이 고객을 잡기 위하여 다양한 방법을 사용한다. 맛으로, 비주얼로, 서비스로, 가격으로, 양으로, 본인들의 강점을 최대한 살려 고객의 두뇌에 각인시키고자 한다. 맛과 가격으로 승부하는 집이 있다면 맛과 가격을 피해서 다른 키워드를 잡아야 한다. 맛이 좋고 가격이 저렴하더라도 기존의 업체가 이미 자리 잡고 있다면 그 이미지를 뛰어 넘기 어렵다.

포지셔닝을 위한 고객 인터뷰하기

- 주로 이용하는 업체는 어디인가?
- 주로 이용하는 상품은 무엇인가?
- 어떠한 이유 때문에 특정한 업체, 상품을 사용하는가?
- ○○ 업체하면 어떤 이미지가 떠오르는가?
- ○○ 상품하면 어떤 이미지가 떠오르는가?
- 기존에 이용하던 업체/상품을 바꾼다면 어떠한 이유 때문에 바꾸겠는가?

이러한 순서를 통하여 상품 개발 및 가격 정책 수립, 유통 채널 선정, 프로모션 전략을 수립하고 시장 상황에 맞게 적절하게 혼합하여 사용한다. 마케팅 역시 고객 중심의 사고 방식이 핵심이다. 뛰어난 품질을 가지고 있다고 해도 고객이 선택하지 않으면 의미가 없다. 고객이 살 수밖에 없는 이유를 만들어라.

고객 타기팅과 포지셔닝을 위한 체크포인트

고객 타기팅을 위한 체크 포인트

① 특정한 고객을 선택한 이유는 무엇인가?
② 특정한 고객과 접점 포인트가 있는가?
③ 마니아 층을 만들 수 있는가?
④ 특정한 고객을 만족하게 할 만한 매력적인 요소가 있는가?

포지셔닝을 위한 키워드 선택하기

① 고객들에게 질문하기 – ○○ 업체의 좋은 점은 무엇인가?
② 질문에 대한 답변 정리 및 유사한 단어 그룹으로 분류하기
③ 경쟁사가 사용하지 않는 우리만의 키워드 도출하기
④ 생각하기 – 우리가 선택한 키워드가 고객에게 어떤 혜택을 주는가?

3

입문

소셜미디어
살펴보기

유튜브, 인스타그램, 페이스북, 블로그 사용하기

01

우리가 접하고 있는 소셜미디어의 종류는 매우 다양하다. 카카오스토리, 네이버 밴드, 블로그, 페이스북, 인스타그램, 유튜브, 팟캐스트, 핀터레스트, 링크드인, 슬라이드쉐어 등이 있다. 이중에서 가장 많이 사용되는 유튜브, 인스타그램, 페이스북, 블로그에 대하여 이야기하고자 한다.

유튜브

'매월 19억 명이 넘는 로그인한 사용자들이 유튜브를 방문한다. 사람들은 매일 수십억 시간 분량의 동영상을 시청하며, 조회 수 역시 수십억 건에 달한다. 유튜브 시청 시간의 70% 이상이 휴대기기에서 발생한다. 유튜브는 91개가 넘는 국가에서 현지화된 버전으로 출시되어 총 80개의 언어로 탐색할 수 있다. 이는 인터넷 인구의 95%가 자신이 사용하는 언어로 유튜브를 이용할 수 있는 것을 의미한다.'

— 출처: 유튜브

다음 데이터는 네이버 데이터랩 검색어 트렌드 결과이다.

그래프만 보더라도 유튜브와 다른 소셜미디어의 차이가 확연하게 보인다. 그 누구도 반박할 수 없는 유튜브 전성 시대이다.

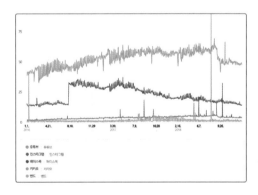

- 전 세계 최대 무료 동영상 공유 사이트
- 전 세계 두 번째 검색 엔진
- 2005년 11월 본격적인 서비스 시작
- 2006년 구글에 인수됨
- 2008년 1월 한국어 서비스 시작

국민 절반이 유튜브 구독
- 유튜브 사용자 수 3,000만 명 이상, 전 연령에서 가장 오래 사용하는 앱
- 하루 평균 30분

- 매월 19억 명이 넘는 로그인 사용자
- 시청 시간의 70% 이상은 모바일에서 발생
- 91개가 넘는 국가에서 현지화된 버전으로 서비스
- 총 80개의 언어로 검색이 가능
- 인터넷 인구의 95%가 자신이 사용하는 언어로 유튜브 이용

유튜브 전성 시대

다양한 연령 층에서 다양한 목적으로 유튜브를 사용한다. 공부를 하기 위해서, 뮤직 비디오를 감상하기 위해서, 음악을 듣기 위해서, 실시간 방송에 참여하기 위해서, 정보를 얻기 위해서 스마트폰의 유튜브 앱을 하루에도 서너 번씩 실행한다. 폼폼 토이즈(PomPom Toys), 대도서관, 헤이지니, 도티, 허팝, 씬님, 박막례 할머니 등의 이름이 익숙하다면 당신도 유튜브 대세에 합류했다고 보면 된다. 앞에서 언급한 인물들은 지금 대한민국에서 가장 잘나가는 유튜브 크리에이터이다.

요즘 초등학생들의 가장 많은 꿈은 유튜버이다. 유튜브가 만드는 변화의 파도는 당신이 생각하는 것보다 훨씬 더 강력하다. 1995년 이후 태어난 사람을 일컫는 Z세대는 유튜브를 통해서 세상을 보고 공부를 한다. 무엇인가를 검색하고 읽어보는 시대에서 자연스럽게 영상으로 보고 정보를 얻는 시대로 넘어갔다. 초등학교 저학년이 고학년에게 화장법을 배우고 또래들에게 노는 방법과 공부하는 방법을 배운다. **또래가 또래에게 가르쳐 주는 시대이다.** 또한 시니어 세대들이 유튜브를 통하여 자신들을 드러내는 시대이기도 하다.

유튜브 전성 시대가 대단한 점은 자본 집약 크리에이터 시장 상징인 '영상 시장' 장벽을 허물었다는 것이다.

동영상은 개인들이나 작은 기업들이 접근하기 어려운 영역의 시장이었다. 이 시장의 빗장을 뚝심있게 유튜브가 열어 버린 것이다. 한국에서 네이버의 경쟁자는 구글이 아닌 유튜브다. 몇 년 전까지만 하더라도 예상하지 못한 일이다.

"펜은 칼보다 강하고, 이미지는 펜보다 강하고, 동영상은 이미지보다 강하다."

자본 집약 크리에이터 시장 상징인
'영상 시장' 장벽을 허물어트린 '유튜브'

유튜브를 하는 목적이 무엇인가요?

1. 공부를 하기 위해서
2. 머리를 식히기 위해서
3. 정보를 얻기 위해서
4. 뮤직비디오를 보기 위해서
5. 음악을 듣기 위해서
6. 실시간 방송에 참여하기 위해서
7. 회사를 홍보하기 위해서
8. 유튜브 크리에이터가 되기 위해서

유튜브가 변화하게 한 모습

"어른이 아닌 또래가 또래에게,
또래들에게 노는 방법과 공부하는 방법을 배우고
가르쳐 주는 시대이다."

이들은 누구인가요?

폼폼 토이즈(PomPom Toys)
대도서관
헤이지니
도티
허팝
쎈님
박막례 할머니
......

유튜브 전성 시대를 만든 힘

유튜브 전성 시대를 만들어 낸 힘은 어디에 있을까?

① 쉽다

스마트폰으로 영상을 찍어서 본인의 유튜브 계정으로 올리면 된다. 사진을 찍어서 인스타그램에 올리는 것만큼 쉽다.

② 돈이 된다

일정한 조건을 충족하게 되면 유튜브 크리에이터로서 상당히 많은 돈을 벌 수 있다. 모든 사람들이 다 가능한 이야기는 아니지만 누구에게나 가능성은 열려 있다.

③ 글로벌하다

- 이론적으로 91개 국가에서 내 동영상을 볼 수 있다. 글로벌 감각과 자막이 중요하다.
- 그래서 해외수출을 염두해 둔 중소기업들에게 가장 매력적인 마케팅 채널이기도 하다.

④ 직관적이다

동영상은 설명이 필요없다. 보는 순간 이해가 된다. 그렇기 때문에 콘텐츠 기획이 중요하다.

⑤ 파괴력이 엄청나다

잘 만든 콘텐츠는 두고두고 효자 역할을 한다. '1루수가 누구야' 리메이크 동영상(홍해라 홍해 픽처스), 싸이의 강남스타일 등 잘 만든 콘텐츠 하나가 효자 노릇을 톡톡하게 한다.

⑥ 누구나 다 할 수 있다

- 예전에는 영상을 찍을 수 있는 장비와 영상 편집 프로그램 등을 사용할 수 있는 전문가 집단의 영역이었다면 지금은 스마트폰만 있으면 된다.
- 비용과 기술이라는 진입장벽이 사라졌다.

⑦ 영상에 대한 거부감이 없다

영상을 보는 것이나 영상에 찍히는 것 모두 다 거부감이 없다. 예전에는 영상을 보며 공부를 한다는 개념이 강하지 않았다. 영상은 공부의 방해 존재였다. 지금은 상상이 되지 않는 이야기이다.

⑧ 일반인들이 유튜브 크리에이터로 성공한다

우리 주변에서 흔히 볼 수 있는 사람들이 유튜브를 개설하고 크리에이터로서 성공 사례를 만들어 가면서 사람들을 자극하고 있다.

⑨ 유튜브는 TV가 아니다

전문적인 영상과 편집, 아나운서와 같은 또박또박한 음성이 없어도, 특정한 영역의 콘텐츠를 집중적으로 올리고 자기만의 견해로 해석하면서 일부 팬 층이 있다면 가능성이 있다.

⑩ SNS에 쉽게 공유할 수 있다

내가 운영하는 소셜미디어 계정이나 웹 사이트에 쉽게 공유하고 전파할 수 있다.

좀 더 유튜브를 공부하고 싶다면 유튜브 크리에이터 사이트(https://www.youtube.com/creators)를 추천한다.

인스타그램

페이스북에서 통하는 콘텐츠와 인스타그램에서 통하는 콘텐츠가 다르다. 왜냐하면 주 사용층이 다르기 때문이다.

페이스북을 수다방으로 비유한다면 **인스타그램은 미니 사진첩으로 비유할 수 있다.**

- 페이스북이 '관계'를 지향한다면 인스타그램은 '흥미'를 지향한다.
- 페이스북이 '공유'를 지향한다면 인스타그램은 '좋아요'를 지향한다.
- 페이스북이 연령층이 높다면 인스타그램은 상대적으로 연령층이 낮다.

인스타그램은 해시 태그(#)로 이야기한다. 사람들은 특정한 해시 태그를 통하여 검색하고 관계를 맺고 콘텐츠를 소비한다. 대중적으로 많이 사용하는 해시 태그와 당신만의 해시 태그를 같이 사용해야 한다. **인스타그램처럼 단순한 소셜미디어가 없다. 그냥 사진을 찍어서 올리면 된다. 그러나 단순하기 때문에 더 어렵다.** 텍스트로 이야기하는 것이 아닌 사진으로 이야기하는 것이기 때문에 나만의 콘셉트가 필요하다. 여기서 이야기하는 콘셉트는 사진의 주제, 색감, 사진 사이즈, 업데이트 주기 등을 말하는 것이다.

콘텐츠가 좋아도 이미지로 표현할 수 없다면 인스타그램은 무용지물이다. 인스타그램을 잘 활용하기 위해서는 일상 속에서 스마트폰으로 사진을 찍는 행위 자체를 즐겨야 한다. 사진 찍기를 좋아하지 않는다면 인스타그램을 한다는 자체가 고통스러울 수 밖에 없다. 사진을 찍는 것을 좋아한다고 하더라도 무엇을 찍어야 할지 모른다면 이 역시 고통스러울 수 밖에 없다. 무엇을 찍고 공유하는 것이 우리와 우리 고객들에게 도움이 될지 생각해 보아야 한다. 인스타그램에서 고객들에게 어떠한 이미지를 주고 싶은가? 어떤 이미지들이 고객을 도와 줄 수 있는가?

페이스북과 인스타그램의 차이점

페이스북

수다방

'관계' 지향

'공유' 지향

높은 연령층

키워드 중심 검색

인스타그램

미니 사진첩

'흥미' 지향

'좋아요' 지향

상대적으로 젊은 연령층

해시 태그(#) 검색

마케팅에 도움이 되는 인스타그램 사용법

주제를 정하라

데이비드 쿡슨(David Cookson)이라는 86세의 할아버지가 있다. 이분은 다이어트를 위해 인스타그램을 시작했으며, 매일 음식 식단을 찍어서 업로드하고 있다. 인스타그램 계정은 @davidcyril_sw이며, 팔로워가 10만 명이 넘는다.

브라질에 사는 한국인 할아버지 이찬재님은 손주를 위해 그림을 그려 인스타그램에 공유하고 있다. 이분의 계정은 @drawings_for_my_grandchildren이며, 팔로워가 30만 명이 넘는다. 여기서 한발 더 나아가 https://grandpachan.com이라는 쇼핑몰을 개설하여 그림을 판매하고 있다. 손주들을 위하여 그린 그림이 이분의 노년 인생을 바꾸어 놓은 것이다. 인스타그램을 통하여 그림의 스토리를 전파하고, 그림과 이야기에 공감하는 팬들이 쇼핑몰에서 기꺼이 지갑을 연다.

주제를 정할 때 가장 좋은 방법은 이야기가 있는 하나의 주제를 정하고 발전해 나가는 것이다.

창의적으로 찍어라

양파 사진만을 가지고 인스타그램을 할 수 있을까? 양파 사진만으로 팔로워를 확보할 수 있을까? 일본에 양파 사진만으로 성공한 사람이 있다. 인스타그램 계정은 @t.ikawa.2525이다. 그의 인스타그램 계정을 방문하면 다양한 형태의 양파 사진을 볼 수 있다.

해시 태그로 검색하고 고객을 팔로워하라

우리 상품과 관계된 해시 태그를 검색하고 우리가 원하는 형태의 고객이면 팔로워하라. 팔로워로 끝나는 것이 아닌 꾸준한 댓글을 통하여 관계를 형성하라.

스토리를 이미지로 변화하게 하라

상품이 아닌 상품 뒷면에 보여지지 않는 이야기를 보이게 만들어라. 시장 조사를 하고 있는 직원들의 모습이나 제품 사진 촬영장 풍경, 심각한 회의 모습 등 찍기 전에 생각하고 스토리를 구성하고 촬영하라.

무엇을 올릴 것인지 주제를 정해라

음식 식단을 찍어서 올리는 예: @davidcyril_sw

손주를 위해 그림을 그려 올리는 예: @drawings_for_my_grandchildren

창의적으로 찍어라

양파 사진을 남다르게 찍는 예: @t.ikawa.2525

해시 태그(#)로 검색하고 고객을 팔로워하라

스토리를 이미지로 변경하라

제품 사진 촬영장 풍경과
심각하게 회의하는 모습.
찍기 전 스토리를 구성하고
촬영하는 예

페이스북

페이스북은 전세계에서 가장 큰 SNS이다. 페이스북을 대표하는 몇 가지 용어가 있다. 뉴스피드, 타임라인, 그룹, 페이지, 좋아요, 댓글, 공유하기, 친구, 메시지, 채팅, 검색 등이다. 페이스북의 기본적인 기능과 활용적인 측면을 이야기하고자 한다.

뉴스피드에는 친구들이 작성하는 글이 자동으로 보여진다. 보여지는 글은 인기 소식과 최신 글이며, 뉴스피드 설정 기본값은 인기 소식으로 되어 있다. 글을 매 시간마다 쓴다고 해서 친구의 뉴스피드에 내 글이 도배되는 것이 아니라 친구들이 가장 많이 반응(좋아요, 댓글, 공유하기)한 글이 보여지는 것이다. 친구들이 좋아하는 글이 아니면 뉴스피드에서 보여지지 않을 수 있다. 그렇기 때문에 각종 페이지의 글들이 개인의 뉴스피드에서 잘 보여지지 않는다. **그렇기 때문에 페이스북을 하는 목적 및 타기팅이 중요하다.**

다양한 세상의 이야기를 듣고 싶으면 당신의 지적 욕망을 채워 줄 다양한 분야의 사람들을 찾고 팔로잉하면 좋다. 친구들과의 소통 채널로 활용하고 싶으면 친구들과의 관계를 유지하고 더 이상 확장하면 안 된다.

당신이 어떠한 사람들과 친구가 되었는지에 따라, 뉴스피드는 정보 창구가 될 수도 있고, 각종 자기자랑 무대가 될 수도 있다. 페이스북은 어떻게 활용하는가에 따라 전혀 다른 모습을 보여 준다.

페이스북으로 비즈니스를 확장하고 싶으면 고객군을 타기팅해야 한다. 좀더 직관적으로 이야기하자면, 당신의 고객이 될만한 사람들과 이해관계자를 찾고 친구를 맺거나 팔로잉하면서 그들과의 관계 형성을 해 나가야 한다.

뉴스피드, 친구, 메시지, 타임라인, 페이지, 그룹, 좋아요, 댓글, 공유, 채팅, 검색

친구들이
작성하는 글이
자동으로 노출,
노출 방식은 두 가지
인기 소식과 최신 글.
기본 설정은
인기 소식

내가 쓰는 글들이
저장되어 있고,
올라가는 곳

주로 기업이나
프리랜서들이
고객들과 소통을
위하여 운영하는 곳

내가 쓴 글이나
상대방이 쓴 글에
반응이 일어나는
세 가지 요소

만약 당신의 글이
친구의 뉴스피드에서
보이지 않는다면
인기 소식이 아니라는
이야기다.

친구들이 좋아하는
것이 무엇인지
알아야 한다.

그래서
타기팅이
중요하다.

뉴스피드를 흥미롭게
바꾸고 싶다면 새로운
친구를 찾아라,

페이스북을 통하여
비즈니스를 확장하고
싶으면 고객군을
타기팅하여 고객이
될만한 사람들과
이해관계자를 찾고
친구를 맺거나 팔로잉
하면서 그들과의
관계를 만들어야 한다.

페이스북 제대로 활용하기

"아무 생각 없이 남들이 하니까 나도 한다는 식으로 페이스북을 이용한다면, 페이스북은 당신의 에너지만 갉아먹는 에너지 좀비가 될 수 있다."

페이스북은 항상 물어 본다. '박희용님, 무슨 생각을 하고 계신가요?', 페이스북 물음에 답을 하는 곳이 타임라인이다. **타임라인에서 나의 생각과 느낌을 작성한다.** 타임라인에 내가 찍은 사진을 올리거나 관심있는 동영상이나 뉴스 콘텐츠를 공유하거나 글을 직접 작성해서 올린다. 내가 올린 스토리에 사람들이 다양한 방식으로 공감을 표현한다. 가장 쉬운 방법은 '좋아요', 좀더 의견을 표현하고 싶으면 '댓글 작성하기', 사람들에게 알리고 싶으면 '공유하기'를 통하여 반응한다.

타임라인을 전략적으로 이용하고 싶다면 **당신이 원하는 최종 이미지를 머릿속으로 그리고 글을 작성하면 된다.** 모든 글의 작성 기준은 이 글이 올라갔을 때 내가 원하는 이미지를 만들 수 있는가? 없는가로 판단하면 된다.

그렇다고 티나게 행동하고 글을 쓰라는 것이 아니다. 만약 당신이 브랜드 전문가가 되고 싶으면 브랜드 전문가처럼 글을 쓰면 안된다. 여기에 남들이 가지고 있지 않은 경험치나 관점을 더해야 한다. 예를 들자면 창업자의 관점을 가지고 작성하는 브랜드에 대한 이야기이다.

페이스북에 글을 쓰는 방식에 정답이 있을 수 없다. 각자 처한 환경과 목적에 따라 변할 뿐이다. **어제는 맞고 오늘은 틀릴 수 있다.** 내가 잘하고 있는지에 대한 체크는 친구들의 반응도를 보면 알 수 있다. 반응도가 없다면 글 쓰는 방식을 바꾸든지 아니면 친구들을 바꾸면 된다. 또는 페이스북과 내가 맞지 않을 수 있다. 이때는 과감하게 나와 맞는 플랫폼을 찾아 떠나야 한다.

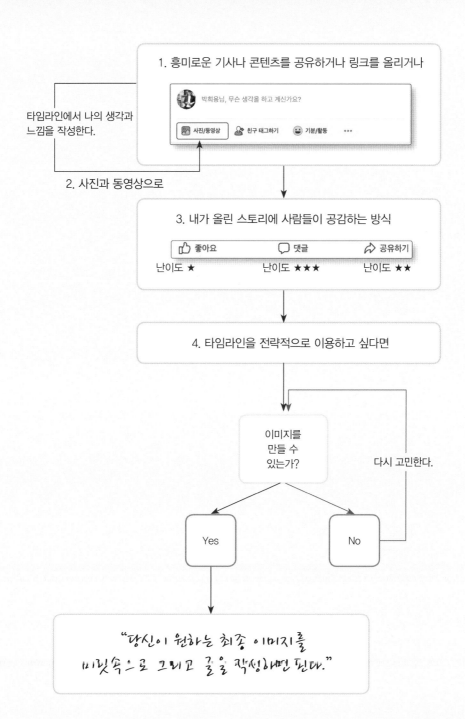

타임라인에서 나의 생각과
느낌을 작성한다.

2. 사진과 동영상으로

1. 흥미로운 기사나 콘텐츠를 공유하거나 링크를 올리거나

박희용님, 무슨 생각을 하고 계신가요?

사진/동영상 친구 태그하기 기분/활동 ...

3. 내가 올린 스토리에 사람들이 공감하는 방식

좋아요 댓글 공유하기
난이도 ★ 난이도 ★★★ 난이도 ★★

4. 타임라인을 전략적으로 이용하고 싶다면

이미지를
만들 수
있는가?

다시 고민한다.

Yes

No

"당신이 원하는 최종 이미지를
비밋속으로 그리고 글을 작성하면 된다."

페이스북 그룹과 커뮤니티 활용하기

관심있는 주제를 공유하기 위하여 만든 그룹이 있다. 이 그룹은 포털 사이트에 있는 카페와 유사하다고 생각하면 된다. 잘 고르고 선택한 그룹은 페이스북에서 다양한 인맥을 만들거나 학습 역량을 강화하는 데 도움을 준다. 그룹을 선택할 때 다양한 사람들이 특정한 주제에 대하여 글을 올리고 있는지, 비정기적이지만 오프라인에서 모임을 하고 있는지, 나에게 도움이 되는지 혹은 내가 도움을 줄 수 있는지 등을 생각하고 가입을 하면 된다. 내가 원하는 그룹을 찾고 싶어도 잘 찾지 못하는 경우가 있는데 그룹의 명칭 자체가 주제를 드러내지 않을 경우도 많기 때문이다. 좀더 적극적으로 찾으려고 한다면 페이스북 친구들에게 도움을 구해야 한다.

어떤 사람들은 친구들을 무차별적으로 본인이 가입한 그룹에 가입을 시키곤 하는데, 그러한 방법으로 친구들을 특정한 그룹에 가입시키는 것은 전혀 도움이 되지 않는다.

페이스북에서 커뮤니티를 만들고 싶다면 당신만의 그룹을 만들면 된다. 그룹은 최소 2인 이상이면 만들 수 있다. 즉 당신 이외에 한 명만 더 초대를 하면 된다는 이야기이다.

그룹 성격에 따라 공개 그룹, 비공개 그룹, 비밀 그룹을 만들 수 있다. 만약 당신이 다른 사람들에게 돈을 받고 자문을 해 주거나 유료 커뮤니티를 운영할 수 있는 역량이 된다면 비밀 그룹을 만들어서 운영할 수도 있다. 공개 그룹과 비공개 그룹은 글이 보이는가 보이지 않는가의 차이로 나뉜다. 비공개 그룹의 장점은 그룹 멤버들이 탁월하면 가입하지 말라고 해도 가입율이 높다는 것이다. 단점은 글이 보이지 않기 때문에 그룹 퀄리티를 알 수 없다. 공개 그룹은 말 그대로 공개 그룹이기 때문에 모든 것이 오픈되어 있다.

그룹을 운영한다는 것은 막대한 에너지가 소요되는 단점이 있지만 당신의 열광적인 팬을 만들 수 있는 채널이기도 하다.

그룹을 운영한다는 것은 막대한 에너지가 소요되지만, 당신의 열광적인 팬을 만들 수 있는 채널이기도 하다.

그룹

공개 그룹
- 그룹 멤버, 그룹에 올린 글 등 모든 것이 공개된다.
- 장점은 모든 것이 오픈되기 때문에 그룹 활동에 따라 가입율이 달라진다는 것이다.

비공개 그룹
- 그룹 멤버만 보이고 글이 보이지 않는다.
- 그룹 멤버들이 탁월하면 가입하지 말라고 해도 가입율이 높다.

비밀 그룹
만약 당신이 다른 사람들에게 돈을 받고 자문을 해 주거나 유료 커뮤니티를 운영할 수 있는 역량이 된다면 비밀 그룹을 만들어서 운영할 수도 있다.

'그룹' 가입 전 살펴보아야 할 사항
- 그룹에 가입한 사람들이 주제에 맞는 글을 자주 올리고 있는가?
- 배울 것이 있는가?
- 질문을 올리면 답변이 올라오는가?
- 그룹원들의 성향은 어떠한가?
- 비정기적이지만 오프라인 모임을 하고 있는가?
- 내가 그룹에 기여일 부분이 있는가?

페이스북 페이지 사용하기

페이스북은 대다수의 사람들이 실명 기반의 프로필과 본인 사진을 올리고 활동하기 때문에 고객 찾기가 수월하다. 키워드를 통하여 특정한 분야의 전문가를 찾기에도 유리하다. 예전보다 페이스북을 통한 관계 확장은 어렵지만 그래도 가능성이 전무한 것은 아니다.

그러나 누군가와 관계를 맺고 싶다면 그 사람의 글에 꾸준하게 반응하면서 관심을 표명하면 된다. 디지털 스토커가 되어 끊임없이 반응하라는 이야기가 아니다. 잘못하면 아예 차단 당할 수도 있다.

기업의 콘텐츠를 대놓고 홍보할 수 있는 페이지가 있다. 페이지의 핵심은 친구가 아닌 소통하는 팬이다. 페이지에 '좋아요'를 클릭한 고객들이 콘텐츠를 보게 된다. 고객들이 우리의 이야기에 실시간으로 응답도 하고, 프로모션에 참여하기 위하여 공유도 하고, 해시 태그를 달기도 한다. 페이스북 페이지 이전에 이렇게 실시간으로 고객들과 활발하게 교류를 할 수 있는 시스템은 거의 없었다. 페이스북 페이지가 좋은 점은 노력만 한다면 그 누구도 기업의 규모에 상관없이 고객들과 소통할 수 있기 때문이다. 소통이 일회성으로 끝나지 않기 위해서 고객들이 참여할 수 있는 구조를 페이지 안에 설계해야 한다. 기업 혼자서 페이지의 모든 콘텐츠를 만드는 것은 한계가 있다.

이렇게 좋은 장점을 가지고 있는 페이지를 운영하는데, 기업들이 애를 먹는 이유는 무엇일까? 왜 개점 휴업 또는 폐업이 많을까?

페이지 운영의 어려운 점

1 페이지를 운영하는 목적, 목표가 없다.

- 담당자에게 '알아서 해라'라고 하면 아무것도 일어나지 않는다.
- 최소한 방향성만이라도 이야기를 해 주어야 한다.

2 내 업무가 아니다.

- 작은 조직의 경우 개인 업무와 병행해서 운영하기 때문에
- '티나지 않은 일' 하나가 늘어난 것이다.
- 담당자에게 '당근'을 주어야 한다.

3 시간이 갈수록 콘텐츠 소재가 고갈된다.

- 시간이 갈수록 할 말이 줄어든다. 담당자를 위한 이야기 창고를 만들어 주어야 한다.
- '이야기 창고'란 구성원들의 이야기들을 한 곳으로 모을 수 있는 클라우드, 저장 공간을 이야기한다(예: 구글 드라이브 등).

4 이벤트를 하고 싶은데 아이디어도 없고 예산도 없다.

- 담당자에게 시간, 여유, 예산을 주어야 한다.
- 또한 담당자가 주도적으로 아이디어 회의를 소집할 수 있는 권한을 주어야 한다.

5 업무 시간에 소셜미디어를 하고 있으면 눈치가 보인다.

- 업무 시간에 자유롭게 소셜미디어를 할 수 있어야 한다.

6 흥미와 재미가 없다.

- 담당자를 변경하거나 교육을 부내 역량을 강화해야 한다.

페이스북 페이지 제대로 활용하기

작은 기업이 페이스북 페이지를 똑소리 나게 운영하기 위해서는 무엇이 필요할까? 바로 뚝심이 필요하다. 고객이 기업을 찾고 좋아할 때까지 꾸준하게 콘텐츠를 올리고 기다릴 수 있는 끈기가 필요하다. 이 끈기에 기업만의 콘텐츠 스타일이 더해져야 빛이 발한다. 꾸준하게 올린 콘텐츠가 무미건조하거나 아무런 감정도 이끌어 내지 못한다면 그동안의 수고가 없어지기 때문이다.

참여 구조를 만들어야 한다. 고객들이 페이지에 올린 콘텐츠만 보고 가는 것이 아닌 고객들의 반응을 이끌어내야 한다. 반응을 이끌어내기 위해서 끊임없이 콘텐츠를 통하여 고객들에게 질문을 하거나, 다양한 이벤트를 개최하여 고객들이 참여할 수 있게 만들어야 한다.

우리가 올린 콘텐츠에 반응을 가장 많이 하는 고객들을 대상으로 서포터즈를 만들고, 그들을 정기적으로 만나서 의견을 듣고 아이디어를 모아서 고강도의 콘텐츠를 만들자. 물론 서포터즈가 된 고객들에게는 특정한 보상을 해 주어야 한다.

저 예산 광고를 집행할 수도 있다. 페이스북 페이지 광고의 장점은 특정한 고객들을 대상으로 광고를 할 수 있는 것이다. 즉 타기팅이 가능하다는 이야기다. 최소한 성별, 나이, 지역, 키워드별 타기팅이 가능하다. 비용을 내가 책정할 수 있기 때문에 저 예산 광고가 가능하다. 예를 들어 10만 원으로 광고를 집행하고 싶다면 금액 설정을 10만 원으로 하면 된다.

이러한 저 예산 광고를 효율적으로 활용하는 방법 중에 하나가 상품에 대한 AB 테스트이다. AB 테스트란 같은 상품을 제목과 콘텐츠 내용을 다르게 해서 소비자 반응도를 검증해 보는 것이다. 예를 들면 같은 구두를 올리는데 제목을 '청바지에 잘 어울리는 클래식 구두'와 '면바지에 잘 어울리는 클래식 구두'로 올려 고객들의 반응을 테스트해 볼 수 있다. 이를 조금 더 확장하면 구두를 설명하는 콘텐츠, 구두 사진 등을 변형시켜 소비자가 즉각적인 반응을 보이는 콘텐츠를 찾는 것이다.

마지막으로 예산을 책정해야 한다. 예산을 토대로 앞에서 언급한 내용 또는 다양한 방법들을 시도하여 투자 대비 효과를 검토해야 한다.

영원한 것은 없다. 페이스북도 언젠가는 저물 것이다.

페이지 똑소리 나게 운영하기

1 페이지 목적을 명확하게 하기

- 고객들의 참여 이벤트 채널로 활용한다.
- 고객들에게 원하는 콘텐츠를 제공하고 이메일을 수집하는 채널로 활용한다.
- 고객들의 아이디어를 수집하는 채널로 활용한다.
- 페이스북에 광고를 집행하기 위해 활용한다.

2 페이지 운영 전략 수립하기

- 페이지 콘셉트를 어떻게 가져갈 것인지?
- 분기별로 어떤 콘텐츠 주력으로 밀고 갈 것인지?
- 콘텐츠는 내부에서 제작할지 외주를 통해 제작할지?
- 프로모션을 한다면 예산은 얼마로 책정할 것인지 등
- 목적에 맞는 운영 전략을 수립해야 한다.

3 담당자에게 시간 및 권한 주기

- 콘텐츠를 벤치마킹할 수 있는 시간
- 자료를 찾을 수 있는 시간
- 콘텐츠를 만들 수 있는 시간
- 최소한의 가이드만 주고 나머지는 담당자가 마음대로 할 수 있는 권한 주기

4 피드백 체크하기

- 고객 반응도 체크하기
- 좋아요, 공유하기, 댓글, 가입률, 판매율 등 목적한 바에 따른 정량적인 수치
- 피드백의 목적은 개선이지 문책이 아니다.

블로그

소셜미디어 시대에 가장 저평가된 것 중 하나가 블로그이다. 왜냐하면 블로그는 우리가 먹는 음식에 비유하면 주식이기 때문이다. 블로그는 쌀밥과 같은 역할을 한다. 화려하지는 않지만 항상 그 자리를 지키고 있다. 싸이월드 시대에도 블로그는 있었고 페이스북 시대에도 블로그는 있다. 앞으로도 블로그는 있을 것이다. 하지만 블로그는 소셜미디어처럼 반응이 빠르거나 실시간이지는 않다.

특정한 분야에서 브랜드가 되고 싶다면, 오랫동안 무엇인가를 추구해 나가고 그 분야에 지식을 축적하고 싶다면 블로그보다 좋은 것은 없다. 블로그는 유행을 타지 않는다. 그렇다면 이러한 블로그를 어떻게 활용해야 우리에게 도움이 될 것인가?

블로그 운영 사례

http://blog.naver.com/housemedia

http://blog.naver.com/jiven

소셜미디어 시대의 베이스 캠프, 블로그

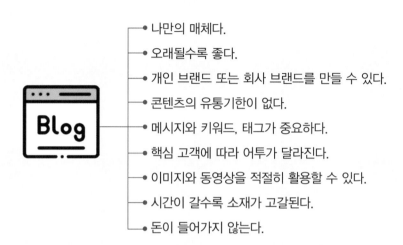

- 나만의 매체다.
- 오래될수록 좋다.
- 개인 브랜드 또는 회사 브랜드를 만들 수 있다.
- 콘텐츠의 유통기한이 없다.
- 메시지와 키워드, 태그가 중요하다.
- 핵심 고객에 따라 어투가 달라진다.
- 이미지와 동영상을 적절히 활용할 수 있다.
- 시간이 갈수록 소재가 고갈된다.
- 돈이 들어가지 않는다.

지속 가능한 블로그 운영을 위한 네 가지 체크 포인트

구분	내용	난이도
지식	인터넷을 할 수 있으면 됨, 고객 중심 사고, 다르게 생각하기	★★
기술	글쓰기, 검색력, 사진 찍고 편집하기, 이미지 편집 툴 활용 등	★★★
환경	1일 1포스팅할 수 있는 환경, 하루에 1~2시간 정도 시간을 내어 블로깅할 수 있는 환경	★★★
태도	열정적인 태도와 믿음, 꾸준함	★★★★★

포스팅하기

블로그의 가장 좋은 점은 각종 소셜미디어로 콘텐츠를 배포하기 전에 글을 다듬고, 초안을 만들고 생각을 정리할 수 있는 우리만의 역사를 간직한 콘텐츠 데이터베이스로 활용할 수 있다는 점이다.

블로그 포스팅은 크게 전문성을 축적하기 위하여 시리즈로 작성하는 글과 그 시대의 트렌드를 반영하여 작성하는 글로 구분할 수 있다. 전문성을 축적하기 위한 글은 브랜드를 만들고 미래를 위하여 투자하는 글이라면, 시대의 트렌드를 반영하는 글은 고객을 유혹하는 글이다. 또한 여기에 무엇인가를 판매하거나 홍보하고자 하는 목적으로 쓴 글도 추가할 수 있을 것이다.

"목적 없는 블로그 포스팅은 블로그를 구독자나 블로그에 글을 쓰는 사람의 에너지를 갉아먹는 에너지 뱀파이어다."

블로그를 작성할 때는 **서론-세 가지 요점-결론 형식**으로 작성하면 좋다.

예시

시중에 나와 있는 분재는 매우 다양하다. 그러므로 분재를 구입할 때 몇 가지 기억할 만한 원칙을 소개할까 한다.

- 기후 - 기후를 고려해 보자. 자기 정원에 옮긴 분재가 죽어 버린다면 돈을 들여서 분재를 사들일 이유가 없다.
- 모양과 크기 - 자기 집의 정원에 어떤 모양의 분재가 잘 어울리겠는가?
- 관리 - 본인이 직접 나무를 다듬고 관리하는가 아니면 관리가 다 되어 있는 분재를 살 것인가?

이런 점을 염두에 두고 고르면 제대로 된 분재를 살 수 있다.

출처: 조엘 컴의 카칭

블로그를 하기 전 던져 봐야 할 질문

 블로그를 통하여 무엇을 얻고자 하는가?

 블로그는 누구에게 도움을 주는가?

 블로그를 어떤 내용으로 채울 것인가?

 콘텐츠를 어디서 가져올 것인가?

 블로그 운영에 대한 평가를 어떻게 할 것인가?

 블로그 이름을 어떻게 만들 것인가?

 핵심 키워드와 서브 키워드를 무엇으로 할 것인가?
어떤 태그를 주로 사용할 것인가?
카테고리는 몇 가지 형태로 할 것인가?

 글을 주로 언제 포스팅할 것인가?

02

계정/가이드라인
만들기

계정 이름 만들기

누구나 이름이 있다. 이름이 있기에 그 존재가 더 친근하고 의미가 있다. 우리는 이름을 통하여 새로운 개념을 만들거나 사고를 확장해 나간다.

회사 이름을 만들거나, 상품 이름을 만들거나, 새로 태어난 아이의 이름을 지을 때 그냥 만드는 법이 없다. 온갖 아이디어를 더하고 정성을 다하며, 혹은 전문가에게 의뢰하거나, 작명소의 힘을 빌려서 최고의 이름을 만들고자 노력한다. 왜냐하면 이름은 전부이기 때문이다. 우리가 짓는 이름은 고객이 발음하기 쉬워야 하고, 기억하기 쉬워야 한다. 하지만 소셜미디어 계정은 어떠한가? 위에서 이야기한 것처럼 최선을 다하여 소셜미디어 계정을 만드는가? 아니면 그렇지 않은가?

회사 입장에서 소셜미디어 계정은 제4의 이름이다. 회사명, 도메인, 상품명, 그다음이 소셜미디어 계정이다. 그렇다고 네 개의 이름을 가지고 있을 필요는 없다. **가장 좋은 방법은 4개의 이름이 아닌 하나의 이름이다.** 회사명, 도메인, 상품명, 소셜미디어 계정이 하나인 것이다. 4개의 단어를 소비자에게 알리는 것보다 하나의 단어를 각인하는 것이 비용적인면에서나 효과적인 측면에서 우월하다.

가이드라인 만들기

기존 IT 서비스에 특화된 기업도 소셜미디어 계정 관리는 쉬운 일이 아니다. **계정 운영자가 퇴사를 해도 소셜미디어는 지속적으로 운영되어야 하며 이를 위해서 가이드가 있어야 한다.** 가이드는 기본적인 것만 작성할 수도 있고 전체적인 모든 규정을 포함할 수도 있다. 중요한 것은 소셜미디어 계정을 운영하는 그 누구나 가이드 내용을 알고 지키는 것이다.

소셜미디어 계정 관리 가이드라인 만들기

소셜미디어 가입을 위한 대표 이메일 계정 만들기
(가능하면 지메일을 활용하는 것이 좋다. 왜냐하면 해외
서비스들이 많기 때문이다.)

소셜미디어별 아이디, 패스워드 관리

소셜미디어 관리자 배정하기
(최소 2명, 작은 기업의 경우, 대표와 담당자로 배정하면 됨)

소셜미디어 계정 운영 관리자가 퇴사했을 때 패스워드 변경하기

각 소셜미디어별 콘텐츠 업데이트 일정, 톤 앤 매너 등
운영에 관한 기본 정책

소셜미디어 계정 이름 정하기

① 도메인을 그대로 사용한다.(예: 도메인 www.abc.com, 소셜미디어 계정 abc)

② 도메인을 그대로 사용하기 위한 전제 조건은 지금까지 나온 다양한 소셜미디어에 그대로 사용이 가능해야 한다는 것이다. 5개의 소셜미디어 중 4개는 사용 가능하고 1개는 사용 불가능하다면 내부적으로 그 이름을 사용할지 고민을 해 보아야 한다.

③ 회사명의 영문 이름을 사용하는 것이다. 이때도 기본적인 조건은 위와 같다.

④ 상품명을 사용한다.

⑤ 새로운 단어를 만든다.

⑥ 연상 결합법을 사용한다. 예를 들면 '사과'하면 떠오르는 단어는 빨간색, 단맛, 신맛, 가을, 농장, 씨앗, 미인, 아침, 소화, 애플파이, 영양 등이다. 이렇게 연상되는 단어를 결합하여 계정을 만드는 것이다. 이렇게 해서 '미인사과', '가을미인사과' 등을 만들 수 있다.

하지만, 기존의 회사명이나 브랜드를 노출하지 않고 새롭게 무엇인가를 만들고 싶은 기업도 있을 것이다. 그러한 기업은 위의 ⑤와 ⑥ 방법을 사용하면 된다. 소셜미디어 계정을 만들기 전에 앞서 이야기한 '~다움(정체성) 찾기', '콘셉트 만들기' 내용을 참조하면 도움이 될 것이며, 기업 소셜미디어 계정을 분석하면 도움이 될 것이다. 계정이란 이름이고, 이름은 의미 부여를 어떻게 했는가에 따라 달라진다. 구성원 모두가 그 이름을 자랑스러워하고 다른 사람들에게 이야기하고 싶어하면 된다.

기업 소셜미디어 계정 분석 (예: 배달의 민족)

• 페이스북: https://www.facebook.com/smartbaedal
• 인스타그램: https://www.instagram.com/baemin_official
• 블로그: http://blog.naver.com/smartbaedal
• 유튜브: https://www.youtube.com/smartbaedal2(유튜브에서 'smartbaedal'이라고 검색하면 배달의 민족보다 먼저 나오는 계정이 있다.)

회사가 지어주는 이름

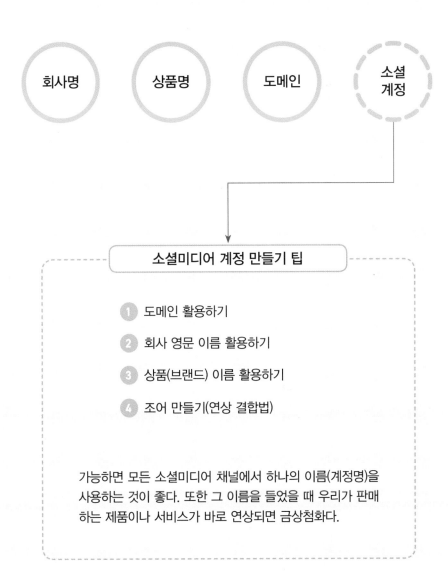

소셜미디어 계정 만들기 팁

1 도메인 활용하기

2 회사 영문 이름 활용하기

3 상품(브랜드) 이름 활용하기

4 조어 만들기(연상 결합법)

가능하면 모든 소셜미디어 채널에서 하나의 이름(계정명)을 사용하는 것이 좋다. 또한 그 이름을 들었을 때 우리가 판매하는 제품이나 서비스가 바로 연상되면 금상첨화다.

03

마케팅 지표
만들기

'숫자로 표현하지 않으면 마케팅이 아니다.'

목표를 가지고 행동하는 사람과 목표 없이 행동하는 사람은 시작이 같을지 몰라도 끝은 다르다. **시작보다 중요한 것은 방향이다. 방향은 속도보다 더 중요하다.**

나의 최종적인 목적지가 어디인지 알고 가는 사람과 무작정 길을 가는 사람의 태도와 발걸음은 다르다. 모든 사람과 기업들이 소셜미디어를 하고 있다. 하지만 어떤 사람과 기업은 성과를 얻는 반면 들러리가 되는 기업과 사람들도 있다. 이러한 차이가 발생하는 이유는 '유행이니까.', '남들이 다하니까.', '우리도 해야 하지 않을까?'라고 생각하고 아무런 준비나 목표도 없이 시작을 했기 때문이다. 지금 이 글을 읽고 있는 당신은 어떠한가? 당신이 추구하는 바가 있는가? 아니면 누구나 하기 때문에 하고 있는가?

목표가 없이 소셜미디어를 하고 있다면, 다시 한번 생각해 보기 바란다. 정말로 바라는 바가 없는가? 초창기에 소셜미디어를 시작했던 사람들은 친구들과 소통하기 위해서나 사람들을 사귀기 위한 목적으로 시작한 경우가 많았다. 지금은 이러한 목적보다는 다양한 정보를 얻는 채널로서 역할이 더 큰 것 같다. 이렇게 개인들도 소셜미디어를 하는 목적이 있다. 하물며 기업에서 운영하는 소셜미디어에 목표가 없다는 것은 말이 되지 않는다. 말이 되지 않는 것 같지만 이것이 현실이다.

왜 작은 기업에서 소셜미디어를 운영하면서 목표나 목적이 없을까? 답은 간단하다. 소셜미디어를 통하여 무엇을 하고 어떻게 목적지에 도달할지 보이지 않기 때문이다.

길이 보이지 않기 때문에 방법이 보이지 않는 것이다.

속도보다 '방향'이 더 중요하다

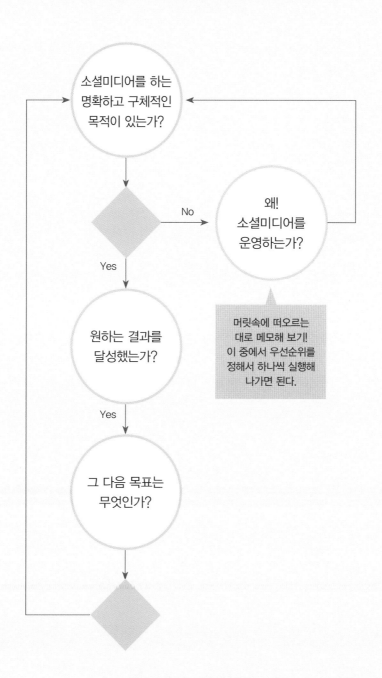

지표 찾기

예를 들어 당신이 한라산을 등반하고자 한다. 어떻게 하겠는가? 초행길이면 인터넷 검색이나 한라산을 등반한 적이 있는 친구들에게 조언을 구할 것이고, 여러 번 등반을 했다면 스스로 편하게 올라갈 수 있는 코스를 정하여 등반을 할 것이다. 혹은 색다른 도전을 원한다면 새로운 등반로를 찾아서 올라갈 것이다. 이 모든 것은 내가 한라산을 등반하는 목적과 한라산을 알고 있는지 모르고 있는지에 따라 달라진다.

소셜미디어 운영도 마찬가지이다. 단지 다른 것이 있다면 등반은 올라갔다가 내려오면 끝나지만 소셜미디어는 끝이 나지 않는다는 것이다. 일상 속에서 꾸준하게 고객들과 디지털로 대화를 하면서 사업을 해 본 경험이 없기 때문에 길이 보이지 않는 것이다.

경험이 없고 길이 보이지 않기 때문에 목적지를 정하지 않고 간다는 것은 너무 무책임한 말이다. 왜냐하면 눈을 조금만 돌려 보거나 검색을 해 보면 소셜미디어로 성공한 사례를 많이 볼 수 있기 때문이다. 그러니 몰라서 못한다는 말은 핑계에 불과하다.

당신만이 할 수 있는, 당신이기에 가능한 방법을 찾아보자. 1인 기업, 소상공인, 중견 기업, 대기업, 제조업, 유통업, 서비스업, B2C, B2B 등 당신이 하는 일에 따라서, 근무하는 규모에 따라서 소셜미디어 마케팅 목표가 다르다.

굳이 다른 기업들이 하는 지표를 따라 할 필요도 없다. 우리에게 맞는 지표를 찾아내는 것이 중요하다. 우리만의 지표를 찾기 위하여 어떻게 해야 할까?

지표를 찾기 위한 체크리스트

 우리가 소셜미디어를 통하여 얻고자 하는 최종적인 결과물은 무엇인가?
⑩ 단골 고객 확보, 브랜드 인지도 증가, 판매율 신장 등

 최종적인 결과물을 얻기 위하여 해야 할 일은 무엇이 있는가?
⑩ 지표 만들기, 콘텐츠 제작, 프로모션 기획 등

 그 일을 하기 위한 내부 자원이 있는가?
⑩ 우리만의 이야기, 사진, 영상, 흥밋거리, 담당자 등

 내부 자원이 없다면 어떻게 할 것인가?
⑩ 외주, 전문가 채용, 전문가 자문 등

목표 세우기

목표를 세운다는 것은 실행 계획을 만드는 것이다. 계획이 없는 목표는 공허한 메아리보다 못하다. 스마트(SMART)하게 만들어야 한다.

조지 도란(George T. Doran)의 스마트 방법론을 인용하여 설명하면 다음과 같다.

명확한 목표(Specific): 막연한 목표보다 구체적인 목표 만들기

- Who: 누가 하는가?
- What: 무엇을 달성하고 싶은가?
- Were: 어디서(공간, 장소) 달성하려는 것인가?
- When: 시간(언제까지)이 얼마나 필요한가?
- Which: 필요한 조건과 제약은 무엇인가?
- Why: 왜, 무엇을 위해 하는 것인가?

측정 가능한 목표(Measurable): 구체적인 판단 기준을 정해서 측정하기

- (일정한 조건을 통과했을 때)격려 시스템과 보상 시스템 만들기

달성 가능한 목표(Attainable): 구체적으로 일들을 쪼개고 나눠서 달성 가능하게 만들기

- 목표 달성을 위하여 필요한 기술은 무엇인가?
- 목표 달성을 위하여 필요한 능력(역량)은 무엇인가?
- 목표 달성에 필요한 자세(태도)는 무엇인가?

가치관에 따른, 현실적인 목표(Relevant, Realistic)

- 좋은 목표도 우리가 추구하는 가치와 맞지 않거나, 현실적으로 불가능하면 아무런 의미가 없다.

시간 제한 두기(Time-bound)

- 언제까지 달성할 것인지, 완료 시한 및 내부 평가 시간을 정한다.

배가 바다에서 좌초되지 않으려면 올바른 방향을 가리키는 나침판과 지도가 있어야한다. 당신이 소셜미디어에서 길을 헤매지 않고 올바르게 나아가려면 당신을 인도해 줄 당신만의 소셜미디어 마케팅 목표가 필요하다.

소셜미디어 마케팅 수립을 위한
스마트(SMART) 방법론

Specific
명확하고 구체적인 목표 만들기

Measurable
목표 달성을 위한 구체적인 판단 기준 정하고 측정하기

Attainable
단계별로 계획을 수립해서 달성 가능하게 하기

Realistic
현실적인 목표 만들기

Time-bound
완료 시한 정하기

04

콘텐츠
인수 분해하기

콘텐츠(Contents)란 인터넷이나 컴퓨터 통신 등을 통하여 제공되는 각종 정보
나 내용물. 유무선 전기 통신망에서 사용하기 위하여 문자. 부호. 음성. 음향.
이미지. 영상 등을 디지털 방식으로 만들어 처리 유통하는 각종 정보 또는 그
내용물을 통틀어 이른다.
– 출처: 국립국어원 표준 국어대사전

콘텐츠의 의미

위에서 설명하는 것은 콘텐츠 겉모습이다. 만약 콘텐츠 역할이 위에서 이야기한 것으로 끝난다면 소셜미디어가 지금처럼 중요하지도 않았을 것이다. **소셜미디어가 혈관이라면 콘텐츠는 혈액으로, 소셜미디어의 핵심이고 세상을 움직이는 힘이며 권력이다.** 그렇기 때문에 기업들이 저마다 차별화된 콘텐츠를 만들고 고객들의 반응을 이끌어 내며 참여를 유도하는 것이다.

콘텐츠 하나에 감정과 메시지가 들어 있다. 콘텐츠 하나하나가 살아서 움직이는 것이다. 특히 정치, 종교, 스포츠, 사상 분야에서는 말할 나위도 없다. 특정한 사진, 특정한 행동 하나가 그 사람을 규정짓는 잣대로 변하기도 한다. 콘텐츠를 만들기 전에 콘텐츠가 어떻게 만들어지는지 살펴보아야 한다.

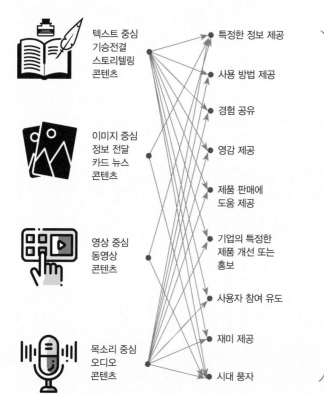

콘텐츠 제작 방식	목적	사용자 참여 방식

콘텐츠 제작 방식

텍스트 중심
기승전결
스토리텔링
콘텐츠

이미지 중심
정보 전달
카드 뉴스
콘텐츠

영상 중심
동영상
콘텐츠

목소리 중심
오디오
콘텐츠

목적

특정한 정보 제공

사용 방법 제공

경험 공유

영감 제공

제품 판매에
도움 제공

기업의 특정한
제품 개선 또는
홍보

사용자 참여 유도

재미 제공

시대 풍자

사용자 참여 방식

사용자 참여형
기업 단독 제작

콘텐츠 강도

캠페인용
비 캠페인용

공유 여부

CC 콘텐츠
비 CC 콘텐츠

고객, 경쟁사, 콘텐츠 살펴보기

소셜미디어 계정을 만들고 나면 바로 글을 작성하는 것이 아니라 먼저 보자. 고객들이 소셜미디어에 어떻게 글을 작성하는지 보아야 한다.

두 번째는 경쟁자들이 어떻게 글을 작성하는지 보아야 한다. 그렇게 하기 위해서는 검색해야 한다. 일반적인 방법은 해시 태그 검색이다.

핸드메이드 제품을 판매한다면 '#핸드메이드'로 검색해 보는 것이다. 핸드메이드 해시 태그 숫자는 약 400만 건이 넘는다. 그다음 핸드메이드 관련 해시 태그를 살펴본다. 인스타그램 유저들이 표현하는 핸드메이드는 #핸드메이드귀걸이 #핸드메이드코트 #핸드메이드페어 #핸드메이드가방 #핸드메이드인형 #핸드메이드그릇 #핸드메이드핀 #핸드메이드팔찌 등 다양하다. 어떠한 사진들이 많이 올라오는지, 누가 올리는지 확인해 보자. 그다음 우리와 어울리는지 보고 팔로우하면서 그들의 콘텐츠에 공감을 해 보는 것이다.

그리고 페이스북에서 '핸드메이드'를 검색해서 어떠한 글이 올라오는지 살펴보자. 어떤 형태의 글을 쓰고 어떤 사진들이 올라오는지 분석을 해 보는 것이다. 이때 인스타그램 이미지와 어떤 부분이 같고 어떤 부분이 다른지 살펴보자. 또한 핸드메이드 관련 그룹과 페이지를 검색해 보아야 한다. 페이스북은 인스타그램과 다르게 보아야 할 부분이 많이 있다.

네이버 블로그 검색을 통하여 블로거들이 핸드메이드를 어떻게 이야기하고 어떤 경험을 하는지를 보아야 한다. 또한 유튜브에서 유튜버들이 어떻게 핸드메이드를 동영상으로 보여주는지 보아야 한다.

좀더 확장을 해서 보면 '핸드메이드'와 관련한 신문기사, 잡지기사, 논문, 통계자료 등 우리가 확보해서 볼 수 있는 모든 콘텐츠를 보는 것이 좋다. 그래야 고객이나 경쟁사들이 어디에서 콘텐츠를 가져오는지에 대한 '감'을 잡을 수가 있다.

보기

찾기

무엇을 하고 있을까?

고객

경쟁사

소셜미디어에서 찾아보자.
해시 태그 또는 키워드로 검색

"어떤 형태의 글을 쓰고,
어떤 사진들이 올라오는지,
누구를 팔로우하는지 읽고 공감하기"

읽기

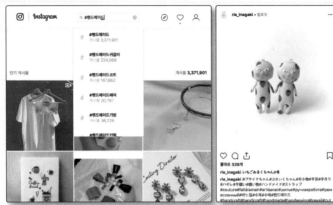

인스타그램 핸드메이드 검색

페이스북 핸드메이드 그룹

페이스북 핸드메이드 페이지

유튜브 핸드메이드 검색

네이버 블로그 핸드메이드 검색

05

콘텐츠
벤치마킹하기

벤치마킹이란 나보다 나은 대상을 설정하고 비교 분석을 통하여 장점을 따라 배우는 것이다. **콘텐츠 벤치마킹을 위해서는 대상자를 정하고, 목적을 수립한 다음 어떻게 콘텐츠를 분석할 것인지 생각해 보아야 한다.**

벤치마킹 체크리스트 만들기

조금만 눈을 돌려 살펴보면 벤치마킹에 사용할 도구를 쉽게 찾을 수 있다. 중요한 것은 어떻게 분석할지에 대한 부분이다. 나만의 체크리스트가 필요하다.

① 고객이 누구인가?
② 고객에게 도움이 되는 콘텐츠인가? (확신한다면 왜 그렇게 확신하는가? 아니라면 그 이유는 무엇인가?)
③ 무엇을 위하여 만들었는가? (제품 홍보, 구매 유도, 브랜드 인지도 상승 등)
④ 시의성은 적절한가? (너무 앞서갔는가? 너무 뒤처졌는가?)
⑤ 제목은 클릭을 유도하는가?
⑥ 구성은 어떠한가? (흡입력이 있는가? 지루하지는 않은가?)
⑦ 콘텐츠 품격은 어떠한가? (고급 퀄리티인가? B급 감성인가?)
⑧ 사용자의 참여를 유도하는가? 아니면 일방통행의 정보 전달인가?
⑨ 전달 방식은 무엇인가? (카드 뉴스, 동영상 등)
⑩ 그 브랜드만의 특징이 있는가? 없는가?
⑪ 따라 만들기 쉬운가? 어려운가?
⑫ 공유는 어느 정도되는가?

페이스북 벤치마킹하기

또한 페이스북 비즈니스(https://www.facebook.com/business)의 [리소스]-[성공
사례]에서도 다양한 형태의 콘텐츠를 벤치마킹할 수 있다.

인스타그램 해시 태그 분석하기

스타태그(startag.io)라는 서비스를 통하여 인스타그램 해시 태그에 관한 정보를 얻
을 수 있다.

원하는 해시 태그를 입력하게 되면 태그 분석 결과물을 보여준다. 업종별 추천
태그도 있다.

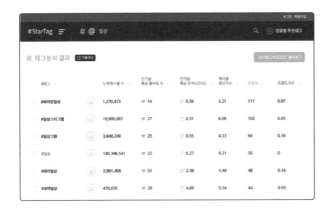

인스타그램 벤치마킹하기

인스타그램 비즈니스(https://business.instagram.com)의 [감성과 발견]에서 다양한 콘텐츠를 벤치마킹할 수 있다.

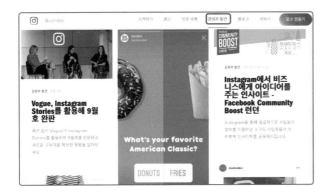

06

글 쓰고
반응 살피기

'무엇을 그려야 할 지 모르겠다면 일단 그리기 시작하면 된다.'
– 피카소

1. 대화 상대 정하기 – 누구와 이야기를 하고 싶은가?

'무엇을 써야 할지 모르겠어요.' 소셜미디어를 처음 시작하는 사람들이 가장 많이 하는 말 중에 하나이다. 여기에서 관점을 조금 바꾸어서 '글을 쓰는 것'이 아닌 '이야기를 한다'로 바꾸면 어떨까?

우리는 하루 종일 누군가와 '대화'를 하면서 살고 있다. 말을 한다는 것은 내 생각을 누군가에게 전달하거나, 설득하거나, 생각을 공유하거나, 위로받기를 원하는 등 시점에 따라 다양한 목적과 형태를 띠고 있다.

말하는 데 어려움을 겪는 사람은 그리 많지 않다. 왜냐하면 대화 상대가 눈앞에 있고, 내 이야기에 대한 피드백을 바로 받을 수 있기 때문이다. 지루하면 이야기에 집중하지 않을 것이고, 이야기가 재미있으면 집중하는 모습을 말하지 않아도 느낌으로 알 수 있다. 우리는 경험상으로 상대방 눈높이에 맞추어 이야기하지 않으면 대화가 되지 않는다는 사실을 알고 있다.

이러한 누구나 알고 있는 대화의 기술은 소셜미디어로 넘어오면 힘을 못쓰게 된다. 힘을 못쓰게 되는 이유는 여러 가지가 있지만 그중에 하나는 상대방이 보이지 않기 때문이다. 좀더 정확하게 이야기하자면 누구와 대화할지 나 스스로가 명확하지 않다는 것이다.

눈에 보이지 않는 것보다는 눈에 보이는 것
형체가 뿌옇게 보이는 것보다는 또렷하게 보이는 것

"이 두 사람이 고객이라면, 어떻게 이야기하는게 좋을까?"

"이분들이 고객이라면 무슨 이야기를 해야 할까?"

2. 대화 주제 정하기 – 스위트 스팟을 찾아라!

사람들은 매일 고민을 한다. '출근할 때 어떤 옷을 입지?', '오늘 점심 뭐 먹지?' 등 일상적인 고민부터 '제안서를 어떻게 작성해야 하지?', '소셜미디어에 빵 터지는 콘텐츠를 어떻게 만들지?' 등 업무적인 고민까지 매우 다양하다.

우리는 고민을 해결해 주는 사람들이다. 대화의 주제 역시 '고민 해결'이 접근하기 쉽다. 접근하기 쉽다는 이야기는 말 그대로 접근하기가 쉽다는 것이지 콘텐츠를 만들기가 쉽다는 이야기는 아니다.

누구나 생각하고 있는, 알고 있는 분야에서 나만의 독특한 색깔, 목소리를 낼 수 있는 콘텐츠를 만드는 것은 생각보다 어렵다. 고객의 고민거리, 나의 전문성, 경쟁자의 전문성의 세 가지 축을 가지고 대화 주제를 생각해 보는 것이 좋다. 고객의 고민거리와 나의 전문성이 겹치지만 경쟁자와는 겹치지 않은 분야를 스위트 스팟으로 잡아야 한다.

스위트 스팟(Sweet Spot)은 스포츠에서 테니스 클럽, 야구 배트 혹은 탁구 라켓 등에 공이 맞을 때 가장 멀리 날아가는 부분을 의미하는 스포츠 용어이다.

– 출처: 위키백과

결국 스위트 스팟이란 홈런을 치기 위한 우리만의 대화 주제를 찾아내는 일이다.

스위트 스팟을 위한 체크 포인트
① 나의 전문성으로 너무 치우치지는 않았는가?
② 나의 전문성으로 해결할 수 없는 고객의 고민거리로 너무 치우치지는 않았는가?
③ 나의 전문성과 경쟁자의 전문성이 겹치는 영역은 아닌가?
④ 경쟁자의 전문성과 고객의 고민거리가 만나는 포인트로 잡지는 않았는가?
⑤ 위의 질문을 토대로 고객 설문지를 만들어 고객의 의견을 들어 보자.

스위트 스팟(Sweet Spot)
나의 전문성으로 고객의 고민거리를
한방에 날려 주는 곳

고객 고민

나의 전문성

경쟁자 전문성

3. 말하는 스타일 정하기 – 당신의 언어 품격은 안녕하십니까?

'당신의 언어가 당신의 수준이다.'라는 격언이 있다. 글에도 말에도 품격이 있다. 품격이란 그 사람의 품성과 인격을 뜻하는 단어다. 소셜미디어에서 어떻게 보여지기를 원하는가? 어떠한 이미지를 만들고 싶은가? 질문에 대한 답에 따라 소셜미디어에서 말하는 스타일이 달라진다.

예를 들어 당신이 마케팅 분야에 전문가이고 통찰력이나 영감을 주고 싶다면 어떻게 말하는 것이 좋을까? 고객들은 당신에게 어떤 것을 기대하고 있는가? 소셜미디어에서 활동하고 있는 마케팅 전문가들은 어떠한 이야기를 어떻게 하고 있는가? 그들의 이야기에 고객들은 어떠한 반응을 보이는가? 이러한 고민을 하고 살펴보면 어느 정도 스스로 답을 내릴 수 있다. 하지만 **누군가를 따라서만 하면 '복사본' 밖에 되지 않는다. 복사본에서 탈출하고 싶다면 '수파리(守破離)'를 해 보라고 권하고 싶다.**

수파리(守破離)는 불교 용어이다. '**수(守)'란 '가르침을 지킨다'**라는 의미로, 스승의 가르침을 받들어 정해진 원칙과 기본을 충실하게 몸에 익히는 단계를 말한다. 가장 따라 하고 싶은 사람의 말하는 스타일을 그대로 따라 하는 영역이다.

'**파(破)'는** 원칙과 기본을 바탕으로 하면서도 틀을 깨고 자신의 개성과 능력에 의존하여 독창적인 세계를 창조하는 단계이다. 무조건 따라 하는 것이 아닌 내 생각을 정리하여 그 사람의 말하는 스타일에 맞추어서 이야기해 보는 것이다. 이렇게 열심히 하다 보면 어느 순간 기존의 스타일에서 벗어나 나만의 감각적인 스타일이 만들어지기 시작한다. 이때가 '파(破)' 단계에 들어선 것이다.

다음 단계인 '**리(離)'는** 파의 연속 선상에 있지만, 그 수행이 무의식적이면서도 자연스러운 단계로 **질적 비약을 이룬 상태**이다. 이 단계가 되면 당신도 누군가에게 '수(守)'가 된다. 소셜미디어 세상에서는 누구나 누군가에게 스승이자 제자가 된다. 이렇게 상호 영향을 주면서 발전한다.

당신이 소셜미디어에서 하는 말의 반응은 어떤가?

무반응

건성으로

다른 생각

변화를 꿈꾼다면

닮고 싶은 사람

'수(守)'란 '가르침을 지킨다'라는 의미로,
가장 따라 하고 싶은 사람의 말하는 스타일을
그대로 따라 하는 영역

어느 순간 기존 스타일에서 벗어나
나만의 감각적인 스타일이 만들어지기 시작.
이때가 '파(破)' 단계

'리(離)'는 파의 연속 선상에 있지만, 무의식적이면서도
자연스러운 단계로 질적 비약을 이룬 상태.
이 단계가 되면 당신도 누군가에게 '수(守)'

PART 04

제작

SNS 콘텐츠
만들기

01

스마트폰으로
콘텐츠 만들기

짧은 시간에 스마트폰으로 콘텐츠 만들기

누구에게나 하루는 24시간이다. 시간 만큼 공평한 것도 없다. 하루가 28시간인 사람은 없다. 잠자는 시간, 이동하는 시간, 식사 시간, 일하는 시간 등을 제외하면 실제 사용할 수 있는 시간은 넉넉하지 않다. 특히 1인 기업, 소규모 자영업자의 경우 업무 시간에 주어진 일을 하기도 바쁘다. 별도의 시간을 만들어 소셜미디어 콘텐츠를 만드는 작업이 쉽지 않다. 현장에서 일을 하시는 분들은 공감할 것이다.

소셜미디어 마케팅이 짧은 시간에 수익을 창출하는 영업 시스템이 아니기 때문에 하나라도 일손이 더 필요한 작은 기업에서 애물단지일 수도 있다. 할 수도 없고 안 할 수도 없는 존재일 수 있는 것이다. 그렇다고 상황만을 탓 할 수는 없다. **시간이 없으면 시간을 만들어야 하고, 도구가 필요하면 도구의 도움을 받아야 한다.** 우리에게는 외부에서 활동하면서도 사무실에 근무하는 것처럼 개인의 생산성 및 힘을 확장하는 강력한 무기가 있다. 아직까지 스마트폰은 콘텐츠를 생산하는 도구이기보다는 소비를 하는 도구에 가깝지만 젊은 층에게는 생산과 소비를 동시에 충족시키는 도구이다.

스마트폰으로 영상을 촬영하여 유튜브, 페이스북에 올리는 것은 자연스러운 행위이다. 사람들은 식당에서 음식 사진을 찍고 약간의 보정을 한 후 인스타그램에 포스팅한다. 이것을 일이라고 생각하지 않는다. 만약 일이라고 생각했다면 지금처럼 소셜미디어가 활성화되지 않았을 것이다. 목적이 다르기 때문에 이를 일반화하기는 어렵지만 우리가 이러한 행위를 일이라고 생각을 하면 할수록 더 어려워질 수밖에 없다. 또한 콘텐츠는 PC뿐만 아니라 '스마트폰으로도 충분히 만들 수 있다.'고 생각해야 한다. 현실을 바꾸기 위해서 스마트폰 사용 방법 및 태도에 변화를 만들어야 한다.

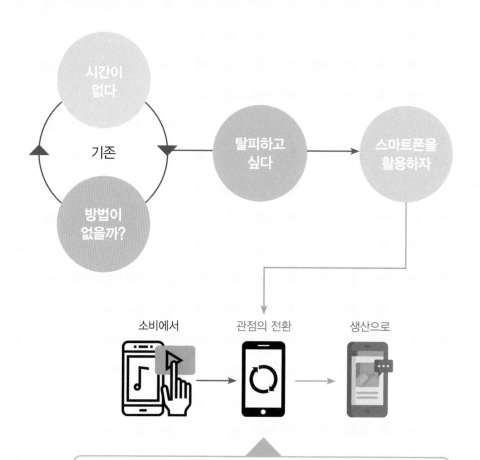

나의 스마트폰 콘텐츠 생산 지수

1. 자주 이용하는 문서 앱이 있는가?
2. 문서 앱으로 글을 작성해 본 적이 있는가?
3. 스마트폰으로 사진을 자주 찍는가?
4. 스마트폰 사진 편집 어플이 있는가?
5. 사진 편집 어플로 사진을 편집하고 포스팅하는가?
6. 스마트폰으로 동영상을 촬영하는가?
7. 동영상 편집 어플이 있는가?
8. 동영상 편집 어플로 영상을 편집하고 포스팅하는가?

문서, 사진 편집, 동영상 앱 다운로드하기

구글 플레이 스토어, 아이폰 앱 스토어에서 문서 작성을 위한 전용 앱들을 검색하고 다운로드할 수 있다. 예를 들면 구글 문서, 원노트, 에버노트를 검색하고 각 앱의 리뷰를 확인하여 마음에 드는 앱을 다운로드한다. 세 가지 앱 모두 글을 쓰고 사진을 추가하거나, 사진을 추가하고 글을 작성할 수 있다. 세 가지 앱 중 한 가지를 다운로드했다면, 문서 앱을 열고 글을 작성하자.

무엇을 쓸 것인가? 고민하지 말고 쓰자. 쓸 것이 없다면 눈앞에 보이는 간판이나 친구 이름, 동물 이름, 식물 이름이라도 쓰자. 생각처럼 잘 되지 않을 수도 있지만 그럴수록 연습을 해야 한다.

글 작성 연습이 끝났으면 그다음 할 일은 작성하는 문서에 사진을 찍어 삽입하는 것이다. 텍스트와 이미지가 결합하면, 텍스트만 있을 때보다 더 강력한 효과를 발휘한다. 그다음에는 사진 편집, 동영상 편집 어플을 다운로드해서 사용해 보자.

구글 플레이 앱 스토어 어플

스마트폰 어플은 PC로 비유하자면 하나의 프로그램이다. 그렇기 때문에 사용자의 운영체제 및 시스템에 영향을 미친다. 어플을 잘못 다운로드하면 최악의 경우 스마트폰 해킹을 당할 수 있다. 그렇기 때문에 내가 스마트폰에 대하여 잘 알지 못한다면 다른 사람들이 추천해주거나 가장 많이 사용하는 어플을 사용하는 것이 좋다.

구글 문서 앱 기준으로 설명하면 문서에 사진을 입력하는 방법은 다음과 같다.

구글 문서 앱 실행	+ 더하기 선택	이미지 선택	카메라 선택 후 촬영

어플 다운로드 전 체크 포인트

별점 및 리뷰 확인하기
• 다른 사람들은 어떻게 평가했을까?

업데이트 확인하기
• 업데이트는 자주 하는가?

용량 확인하기
• 용량은 너무 크지 않는가?

사용 방법 확인하기
• 사용하기는 쉬운가?

회사 확인하기
• 믿을 만 한가?

검색 엔진에서 다시 한번 더 리뷰 및 사용기 확인하기
• 좀 더 궁금하면 검색 엔진을 활용하자.

편한 앱으로 자투리 시간에 콘텐츠 만들기

좋은 앱은 내가 쓰기 편해야 한다. 남들이 아무리 좋다고 말해도 내가 사용 방법을 익히기 어렵고 내 스마트폰에서 잘 작동하지 않는다면 의미가 없다. 누군가에게 보여주기 위한 것이 아닌 **나만의 콘텐츠 생산 도구이기 때문에 처음 선택할 때 시간이 소요된다고 하더라도 하나씩 확인하면서 선택하는 것이 좋다.**

스마트폰으로 언제 콘텐츠를 만들면 좋을까? 답은 예상 외로 간단하다. **이동 시간, 자투리 시간, 여유 시간에 작업을 한다.** 출퇴근 시간 지하철이나 버스에서, 점심 식사 후, 업체 미팅을 위해 이동할 때, 누군가를 기다릴 때 등 시간이 날 때마다 콘텐츠를 만들겠다는 결심을 해야 한다.

이를 위해서 앞서 언급한 것처럼 자투리 시간을 활용해야 하는데 처음부터 잘되지는 않는다. 한꺼번에 모든 것을 잘하려고 하는 마음은 중요하지만 우리의 몸과 습관은 그렇게 한꺼번에 변하지 않는다. 순서를 정하고 시작하는 것이 중요하다.

예를 들면 처음에는 출근 시간을 활용하여 콘텐츠를 만들겠다는 생각을 하고 길을 걸어가면서 사진을 찍거나, 아침에 떠오르는 생각들을 스마트폰 앱에 정리하는 것이 중요하다. **이렇게 하기 위해서는 평상시보다 10분 일찍 출근하는 습관과 마음에 여유를 가지고 사물을 관찰하는 습관을 키워야 한다.** 그렇지 않으면 생각만 있고 실제로는 뜻대로 되지 않는다. 출근 시간에 쫓기게 되면 아무것도 보이지 않기 때문이다. 이렇게 매일 정리되고 쌓여가는 생각들이 모여서 양질의 콘텐츠를 만들 수 있다.

콘텐츠는 하루아침에 "짠"하고 나타나지 않는다. 매일 고민하고 자료를 찾고 정리하며 생각을 숙성시키는 과정이 필요하다. 이러한 과정을 업무 시간에 할 수 있으면 좋겠지만 대다수 작은 기업 담당자들은 업무 시간에는 일을 해야 한다. 그렇기 때문에 자투리 시간을 활용하는 것이 중요하다.

스마트폰으로 여유 시간에 콘텐츠 만들기

출근 시간
- 주제 정하기
- 스마트폰으로 자료 찾기
- 필요한 자료는 구글 문서에 저장하기
- 이미지는 스마트폰 사진 폴더에 저장하기
- 주제에 맞는 풍경을 보면서 사진 찍기

자투리 시간
- 키워드 확장해 보기
- 예 오이와 피부 미용과의 관계는?

점심 시간
- 20분 글쓰기
- 짧지만 기승전결 구조를 가지고 있는 이야기 만들기

퇴근 시간
- 사진 편집 앱을 활용하여 카드 뉴스 만들고 소셜미디어에 콘텐츠 등록하기

**"작은 콘텐츠들이 쌓이고 쌓여 산이 되어
당신을 돋보이게 만들 것이다."**

02

컴퓨터
활용하기

소셜미디어 콘텐츠 레시피 만들기

디자이너가 아닌 이상 대다수의 사람들에게 컴퓨터는 크게 업무용과 엔터테인먼트 용으로 사용되었으며, 문서 작업을 하거나, 인터넷으로 자료를 검색하고 취합하거나, 영화를 보거나, 음악을 감상하거나, 게임을 하는 정도로 사용되었다. 소셜미디어 시대에 접어들면서 디자이너가 아닌 사람들이 컴퓨터로 간단하게 사진이나 영상을 편집하거나 소셜미디어용 디지털 콘텐츠를 만들기 위해 새로운 방식으로 컴퓨터를 활용하기 시작했다. 소셜미디어가 컴퓨터 활용 가치와 범위를 넓힌 것이다.

컴퓨터를 활용하여 소셜미디어 콘텐츠 레시피를 만드는 방법, 콘텐츠 제작을 위한 재료를 준비하는 방법, 콘텐츠 제작에 도움이 될 만한 도구 사용 방법을 소개하고자 한다.

레시피(Recipe)란 요리, 음식을 만드는 방법이나 설명서이다. 레시피가 필요한 이유는 필요할 때 언제든지 꺼내서 볼 수 있고, 새롭게 업그레이드가 가능하며, 조직 안에서 쉽게 전파할 수 있기 때문이다. 소셜미디어 콘텐츠 레시피를 만들기 위해서 사전에 학습하면 좋은 도구들이 있다.

나만의 노하우가 담긴 콘텐츠 레시피북 만들기

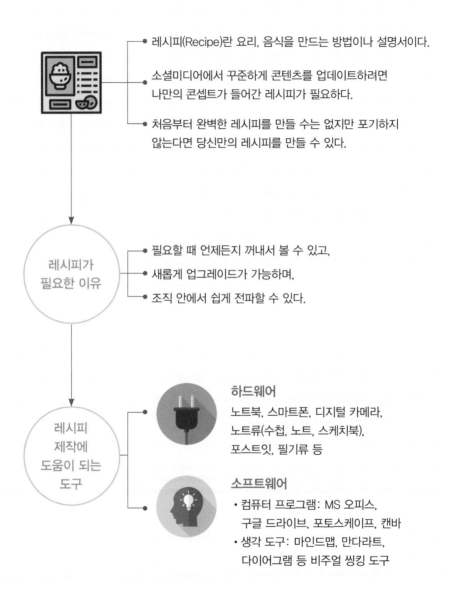

레시피(Recipe)란 요리, 음식을 만드는 방법이나 설명서이다.

소셜미디어에서 꾸준하게 콘텐츠를 업데이트하려면
나만의 콘셉트가 들어간 레시피가 필요하다.

처음부터 완벽한 레시피를 만들 수는 없지만 포기하지
않는다면 당신만의 레시피를 만들 수 있다.

레시피가
필요한 이유

필요할 때 언제든지 꺼내서 볼 수 있고,

새롭게 업그레이드가 가능하며,

조직 안에서 쉽게 전파할 수 있다.

레시피
제작에
도움이 되는
도구

하드웨어
노트북, 스마트폰, 디지털 카메라,
노트류(수첩, 노트, 스케치북),
포스트잇, 필기류 등

소프트웨어
• 컴퓨터 프로그램: MS 오피스,
  구글 드라이브, 포토스케이프, 캔바
• 생각 도구: 마인드맵, 만다라트,
  다이어그램 등 비주얼 씽킹 도구

생각 도구, 마인드맵 프로그램 사용하기

소셜미디어 콘텐츠 레시피 제작을 위한 사전 준비 도구 중에서 우리가 익숙하게 알고 있는 것을 제외한 몇 가지 도구를 소개하고자 한다.

마인드맵(Mind Map)은 토니부잔이 개발한 발상 방법으로 기록의 시각화, 생각의 지도라 말할 수 있다.

소셜미디어 콘텐츠 제작에 있어서 마인드맵을 사용하는 이유는 생각을 구조화하기 위해서이다. 콘텐츠를 만든다는 것은 기획을 한다는 것이다. 콘텐츠 제작에 있어서 콘셉트를 도출한다는 것은 전달하고자 하는 '메시지 키워드'를 뽑는 것이다. 이를 위해서는 **전체 구조를 한눈에 보아야 한다.** 전체 구조를 한눈에 파악하기에 마인드맵처럼 좋은 도구도 없다. **전체를 볼 수 있기에 어떤 부분을 강화하고 어떤 부분을 제거할지 알 수 있다.**

디지털 마인드맵 프로그램으로는 씽크와이즈, 오케이마인드맵, 프리마인드맵, 엑스마인드, 알마인드맵 등이 있다. **마인드맵은 크게 세 가지 형태로 이용할 수 있다. 움직이면서 머릿속으로 생각의 이미지를 구조화해 보고, 종이 위에 그려 보고, 디지털로 표현해 보면** 생각이 점점 촘촘해져 감을 느낄 수 있다. 디지털로 하는 것과 손으로 하는 것에는 차이가 있다.

생각 정리 및 콘텐츠 구조화를 위한 마인드맵

마인드맵 작성을 위한 원칙

① 종이의 중심에서 시작한다.
② 중심 생각을 나타내기 위해 이미지나 사진을 이용한다.
③ 중심 이미지에서 주 가지로 연결한다.
④ 주 가지의 끝에서부터 부 가지로 연결한다.
⑤ 구부리고 흐름 있게 가지를 만들어라.
⑥ 부 가지의 끝에서 세부 가지를 연결한다.
⑦ 각 가지당 하나의 키워드만을 사용하라
⑧ 전체적으로 이미지와 다양한 색상을 사용하라.

― 출처: 위키백과 재 편집

마인드맵의 예

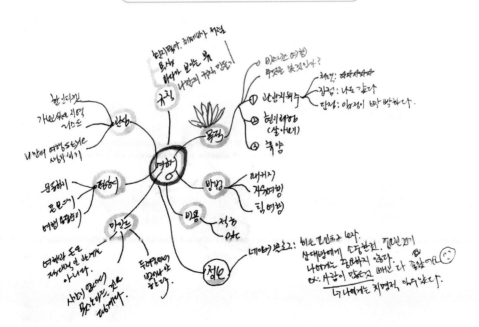

생각 도구, 다이어그램 활용하기

다이어그램은 정보를 조율, 묘사, 상징화하여 2차원 기하학 모델로 시각화하는 기술이다.

– 출처: 위키백과

주요 다이어그램의 유형은 그래프 기반 다이어그램, 차트 다이어그램, 비즈니스 다이어그램 등이 있다.

그래프 기반 다이어그램은 트리 다이어그램, 네트워크 다이어그램, 플로우 차트, 벤 다이어그램이 있다. 차트 다이어그램은 히스토그램, 바 차트, 파이 차트 등이 있다. 비즈니스 다이어그램은 인수분해형, 매트릭스형, 프로세스형 등이 있다.

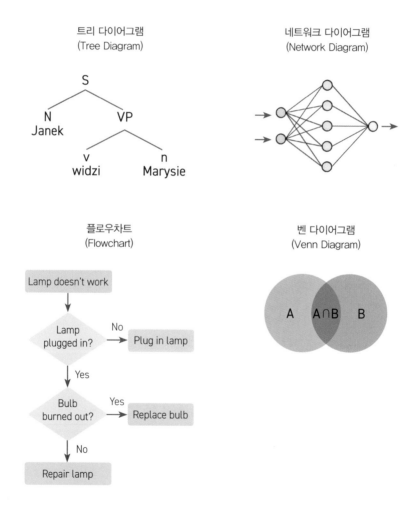

히스토그램(Histogram)

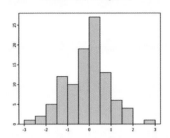

바 차트(Bar Chart)

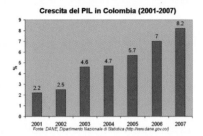

파이 차트(Pie Chart)

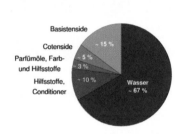

인수분해형 – 복잡한 문제 분해

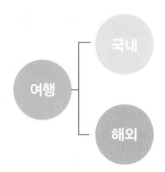

매트릭스형 – 먼저 집중할 것

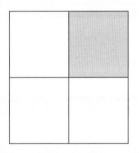

프로세스형 – 과정을 한눈에 보기

컴퓨터 프로그램 및 웹 서비스 사용해보기

① 파워포인트

프레젠테이션을 위해서 많이 사용되는 파워포인트를 활용하여 카드 뉴스를 만들 수 있다. 파워포인트에서 카드 뉴스를 만들 때 유의사항은 다음과 같다.

컴퓨터에 기본 서체 말고 인터넷에서 무료 폰트를 다운로드하여 사용하자. 내가 전달하고자 하는 메시지에 따라 폰트만 다르게 사용해도 느낌이 다르다. 이미지의 경우 내가 직접 촬영한 사진을 사용하거나 상업용 무료이미지를 사용하면 된다.

기억해야 할 점은 메시지 증폭을 위해 폰트와 이미지를 사용해야 한다는 것이다. 카드 뉴스를 만들어 소셜미디어에 업데이트하기 전에 보는 사람 입장에서 다시 한번 더 살펴보자. 파워포인트에 저장할 때 내보내기 메뉴에서 JPG, PNG 파일로 저장이 가능하다.

② 이미지 편집 프로그램 – 포토스케이프(http://www.photoscape.co.kr)

포토스케이프는 개인, 기업 모두 무료로 사용할 수 있는 프로그램이다. 윈도우 10, 애플 맥 사용자는 포토스케이프X를 사용하면 된다. 포토스케이프는 사진 뷰어로 사용할 수 있고, 사진 편집, 일괄 편집, 이어 붙이기, 움직이는 GIF 애니메이션 만들기 등의 기능이 있다.

③ 템플릿 기반의 웹 서비스 삼총사 – 망고보드, 타일, 캔바

위의 서비스 모두 웹 브라우저 기반의 유무료 서비스이다. 회원가입을 해야 사용이 가능하다. 다양한 형태의 템플릿을 제공해 주기 때문에 카드 뉴스, 인포그래픽, 상세 페이지 등을 만들 수 있다. 캔바의 경우에 인터넷 익스플로우보다는 크롬 브라우저를 사용하는 것이 좋다.

캔바(http://www.canva.com)

망고 보드(https://www.mangoboard.net)

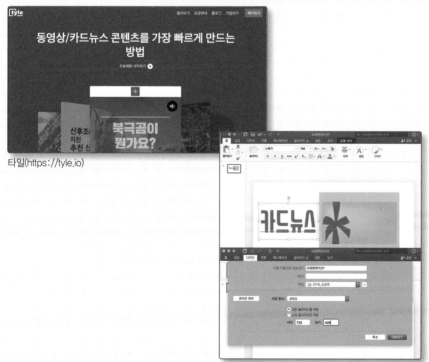

타일(https://tyle.io)

파워포인트

기본 도구 작업에 대한 이해가 끝나면 본격적으로 요리를 위한 레시피를 만들어야 한다. 소셜미디어 콘텐츠 레시피는 일반적인 요리 레시피와 다르게 '주제'를 선정함과 동시에 재료를 찾는 특징이 있다. 이러한 과정이 여러 번 반복되고 데이터로 저장되는 과정에서 우리만의 레시피가 탄생하는 것이다. 소셜미디어 콘텐츠 레시피 작업이 끝나면, 그다음에 할 일은 레시피에 맞는 소재를 준비하는 일이다. 소재 준비의 첫 번째는 검색이다. 원하는 자료를 찾고, 가공하고, 인사이트를 끄집어내는 작업이다.

소셜미디어 콘텐츠 레시피를 위한 소재 찾기 중에서 구글 고급 검색 사용법을 설명하자면 다음과 같다. 구글 고급 검색 기법을 사용하면 기존 시간 대비 절반 정도로 시간을 절약할 수 있다. 구글 고급 검색을 할 때 유의사항은 기호 또는 단어와 검색어 사이에 공백이 있어서는 안 된다는 것이다. site:nave.com을 입력하면 검색 결과가 표시되지만 site: 다음 한 칸을 띄면 결과가 제대로 표시되지 않는다.

검색 방법

① 해시 태그 검색: 단어 앞에 해시 태그(#)를 입력한다. 현재 영어만 지원된다. 글로벌 비즈니스를 한다면 해시 태그를 영어로 하는 것이 좋다.

⑩ #happy

② 검색어에서 단어 제외: 제외하려는 단어 앞에 −기호를 입력한다.

⑩ 마케팅 −소셜미디어

③ 정확히 일치하는 결과 검색: 단어 또는 문구를 따옴표 안에 넣는다.

⑩ "z세대 특성"

④ filetype로 검색: 검색 단어 뒤에 확장자 넣기

⑩ 마케팅 filetype:pdf, 마케팅 filetype:ppt, 마케팅 filetype:doc

⑤ 특정 사이트 안에서 검색: 검색어 앞에 사이트 주소 입력

⑩ site:facebook.com 마케팅

소셜미디어 콘텐츠 레시피를 위한 소재 찾기

온라인	네이버 데이터랩, 구글 고급 검색, 소셜미디어 검색, 통계 사이트, 여론 조사 사이트, 신문, 잡지, 논문, 도서 사이트 등
오프라인	사람들의 모습, 그날의 풍경, 날씨, 온도, 거리의 간판 등

#happy

#happy hashtag on Instagram · Photos and Videos
https://www.instagram.com/explore/tags/happy/ ▾ 이 페이지 번역하기
491m Posts - See Instagram photos and videos from 'happy' hashtag.

마케팅 -소셜미디어

마케팅의 재발견… 상품이 아니라 고객에 집중하라
www.hbrkorea.com/magazine/article/view/3_1/article_no/58 ▾
한 브랜드 매니저가 사무실에 앉아서 새로 출시된 스포츠 음료의 마케팅 전략을 구상하고 있다. 그는 먼저 목표하고 있
는 세분시장을 정의한 후, 제품 가격과 홍보 방법 …

"z세대특징"

미래 사회의 주역, Z세대 특징 :: J
https://j-a-l.tistory.com/57 ▾
7일 전 - 머지 않아 회사에서 반드시 마주치게 될 그들, Z세대. 전형적인 밀레니얼 세대인 나는 그들에게 꼰대로 남을
것인가, 그들과 눈 높이를 맞추며 소통 …

소셜미디어마케팅 filetype:pdf

[PDF] 소셜미디어 마케팅 실패사례 분석을 통한 소셜미디어 마케팅 전략 연구
web.yonsei.ac.kr/dslab/Journal/kmsk_social%20marketing.pdf ▾
조은영 저술 - 1회 인용 - 관련 학술자료
소셜미디어 마케팅 실패사례 분석을 통한. 소셜미디어 마케팅 전략 연구*. Lessons Learned from the Failure Cases
in Social Media Marketing. 조 은 영 (Eun-Young …

site:itfind.or.kr 사례

[PDF] 제조업의 4차 산업혁명 대응 사례와 시사점 - ITFIND
www.itfind.or.kr/admin/getFile.htm?identifier=02-004-180531-000011 ▾
있는 기업들은 어떤 관점에서 대응하고 있는지 사례를 중심으로 살펴보았다. 제조업에서 4차 산업혁명은 향상된 품질
의 제품을 더 빠르고 효율적으로 생산하기 위해.

[PDF] 오픈 이노베이션의 개념과 성공사례 - ITFIND
itfind.or.kr/itfind/getFile.htm?identifier=02-004-111229-000007 ▾
오픈 이노베이션의 개념과 성공사례. 전문가 좌담회의 섹션 중 하나로 다루어진 오픈 이노베이션은 최근 R&D 전략과
관련한 가장 큰 화두라는 점에서도 주목 받고 …

[PDF] 사네노 보른 한국형 히든 챔피언 보고서.hwp - ITFIND
www.itfind.or.kr/admin/getFile.htm?identifier=02-004-090511-000004 ▾
사례로 보는 한국형 히든 챔피언. 연구보고서. I . 최근 중소기업의 경영현황. II . 불황기 기업의 대응전략. III . 한국형
히든 챔피언 사례 분석. IV. 시사점. 2009. 5 …

Google

소셜미디어 콘텐츠 스토리 만들기

우리가 주위에서 가장 흔히 접하는 기승전결의 형식을 따르거나 서론, 본론, 결론의 3단 구조를 활용할 수도 있다.

기	**이야기의 배경, 누구를 위한 이야기인가? 무엇인가를 시작하게 된 이유** 퍼스널 브랜드를 만들고 싶은데 어떻게 해야할지 답이 나오지 않아 고민하고 있는 40대를 위한 '퍼스널 브랜딩 가이드'
승	**상황 묘사하기, 지금 어떠한 상황인가?** 한참 일을 할 나이에 있는 40대들이 직장에서 나오고 있다. 직장이 온실이라면 시장은 전쟁터이다. 전쟁터에서 살아남으려면 나만의 차별화 포인트가 필요하다. 이것이 바로 퍼스널 브랜드이다.
전	**극적인 이야기, 어떤 문제들이 있었는가?** 퍼스널 브랜드를 만드는 사람들이 겪고 있는 사건들 (크고 작은 사건들, 갈등 구조, 위기, 누군가의 도움, 깨달음) 사례 조사해서 스토리에 적용하기
결	**어떻게 위기를 극복했는가? 마무리하기, 부탁하기** 그들은 어떻게 위기를 극복하고 개인 브랜드가 되었는가? 그들이 되었다면 당신도 될 수 있다. 단 그들의 방법이 아닌 당신만의 방법으로 해야 한다. *퍼스널 브랜드에 대하여 상담하고 싶으면 'ceo@wilab.co.kr'로 연락하라.

03

일주일 동안
내 몸에 습관 만들기

소셜미디어에 콘텐츠를 업로드하는 것을 일이 아닌 즐거운 '놀이'로 생각해 보자. 콘텐츠를 만드는 것이 놀이처럼 되려면 어떻게 해야 할까? 매일 사랑하는 사람과 데이트한다고 생각해 보자. 사랑하는 사람을 만나는 데 지겨워하거나 괴로워하는 사람은 없다. 그런 감정이 드는 순간 사랑하는 사람이 아니기 때문이다. 고객 역시 우리가 사랑하는 사람이다. **고객이 없으면 내가 일하는 곳, 내가 만든 상품을 소비해 주는 사람이 없다.**

나에게 일터를 제공해 주고 내 제품을 소비해 주니 어찌 사랑스러운 사람이 아닌가? 이런 사람을 우리는 매일 소셜미디어에서 만난다. **이런 사람들에게 어떻게 하면 감동을 줄 수 있을까?** 어떻게 하면 내 콘텐츠로 위안을 줄 수 있을까? 어떻게 그들의 문제를 풀어 줄까? 그렇게 하기 위해서는 콘텐츠를 만드는 것이 '일'이 아닌 행복한 '놀이'가 되어야 한다. 놀이가 되기 위해서는 콘텐츠를 만드는 작업이 일상이 되어야 하며, **일상이 되기 위해 몸에 습관으로 남아야 한다. 습관으로 남기 위해서는 언제 어디서나 콘텐츠를 만들겠다는 자세가 되어 있어야 한다.**

자세를 만들기 위해서는 나만의 도구나 가이드가 필요하다. 가이드에 정답이 있는 것은 아니다. 여기서 이야기하는 일곱 가지 방법을 다 따라서 할 수도 있고 이 중에 하나만 선택해서 해 볼 수도 있다.

1일 차, 나는 명언 제조기

명언 따라 쓰기는 당신이 하고 있는 사업 영역이나 관심 분야에서 선택하는 것이 좋다. 또는 당신만의 명언 카테고리를 만드는 방법도 있다. 예를 들면 내가 음식업을 하고 백종원 씨를 좋아한다면 그의 말을 따라 써 보는 것도 좋은 방법이다.

> "음식 사진을 보고 내 방식대로 상상해서 새로운 메뉴로 만들기도 한다. 머릿속으로 볶고 굽고 양념을 더하는 등 상상력을 총 동원한다. 사진 속 토마토 소스가 고추장으로 바뀌기도 하면서 새 요리를 만들 수 있었다."
> – 백종원

명언 따라 쓰기의 핵심 포인트는 쓰고 끝나는 것이 아닌 내 생각을 추가해 보는 것이다. 나는 음식 사진을 보고 무엇을 생각했는가? **나만의 생각 벽돌을 쌓아 올려야 한다.**

나의 관심 분야가 행복하게 사는 것이라면 '행복'에 관한 명언을 써 보는 것도 좋다.

> "행복은 깊이 느끼고, 단순하게 즐기고, 자유롭게 생각하고, 삶에 도전하고, 남에게 필요한 사람이 되는 능력에서 나온다."
> – 스톰 제임슨

> "불행한 사람은 갖지 못한 것을 사랑하고 행복한 사람은 갖고 있는 것을 사랑한다."
> – 하워드 가드너

2일 차, 상황 압축력을 강화하는 사자성어 쓰기

사자성어(한자성어, 고사성어)는 비유적인 내용을 담은 함축된 글자로 상황, 감정, 사람심리 등을 묘사한 관용구이다. 간단히 성어라고도 한다.
주로 네 글자로 된 것이 많기 때문에 사자성어라 일컫는다. 일상 생활이나 글에 많이 사용된다.

– 출처: 위키백과

하루에 5분 일주일 동안 내 몸에 습관 만들기

 콘텐츠를 만드는 것은 '의무'가 아닌 행복한 '놀이'

 놀이가 되기 위해서는 콘텐츠를 만드는 작업은 '일상'

 일상이 되기 위해서는 몸에 습관

 습관으로 남기 위해서는 언제 어디서나
콘텐츠를 만들겠다는 자세

 자세를 만들기 위해서는 나만의 도구 만들기

명언 따라 쓰기

관심 분야 선택하기   따라 쓰기   생각 추가하기

사자성어를 열심히 쓰다 보면 생각이나 상황을 함축적으로 묘사하는 능력을 키울 수 있다. 정보가 넘쳐나는 모바일 시대 사람들은 신경 쓸 것도 많고, 볼 것도 많다. 그렇기 때문에 사람들의 눈길을 끌지 못하면 아무리 좋은 콘텐츠라고 하더라도 힘을 잃게 된다. 그 힘을 찾을 수 있는 것이 함축적 묘사이다.

한자성어를 활용하여 고객들과 소통할 수 있다.

예를 들어 日新又日新(일신우일신: 나날이 새롭고 또 날이 갈수록 새로워지다.)이라는 한자성어로 다음과 같이 소통할 수 있다.

> 日新又日新(일신우일신)하기 위해서 무엇을 하고 계신가요?
> 가장 인상 깊은 댓글을 쓰신 분 중에서 한 분을 선택해서 ○○○을 선물로 드리겠습니다. 또는 '일신우일신'하기 위한 나만의 방법을 공유해 주시면, 그중에 ○○분을 선택해서 선물을 드리겠습니다.

3일 차, 충동적인 구매 유혹을 일으키는 광고 카피 수정하기

밖에 나가 잠깐 눈만 돌려 보아도 우리를 유혹하는 다양한 광고 카피를 마주하게 된다. 검색 엔진에서 '광고 카피'라는 키워드로 검색하면 수많은 광고 카피들을 볼 수 있다. 광고 카피란 신문이나 잡지에만 있는 것이 아닌 매장 간판부터 시작해서 상품 포장지까지 그 범주를 다양하게 확장해 볼 수 있다. 길을 걷다가 특정한 매장 간판을 보고 들어가 보고 싶다는 생각을 해 본 적이 있는가? 또는 편의점에 들어가서 특정한 상표의 이름을 보고 충동적인 구매욕을 느낀 적이 있는가? **당신을 유혹하는 모든 문구들을 수집할 필요가 있다.** 그리고 왜 그 문구들이 나에게 충동적인 구매 유혹을 만들었는지 생각해 보아야 한다.

무엇인가를 수정할 때 말이 되는지, 안 되는지 고민하지 말고 먼저 키워드를 바꾸어 보자. 우리는 전문가가 아니다. 처음부터 모든 것을 완벽하게 만들 수 없다. 될 때까지 노력하는 수 밖에 없다.

사자성어 쓰기 장점

생각이나 상황을 함축적으로 묘사하는 능력을 키울 수 있다.

광고 카피 수정하기

"당신의 일상에는 쉼표가 필요합니다."

– 싱가폴 에어라인 광고 카피

업종에 맞게 수정해 보자.

"식당" – 당신의 일상에는 [에너지]가 필요합니다.

"다이어트" – 당신의 [점심]에는 [균형]이 필요합니다.

"요가" – 당신의 [저녁]에는 [힐링]이 필요합니다.

"자기계발도서" – 당신의 [아침]에는 [꿈]이 필요합니다.

"상담" – 당신의 [친구]에게는 [당신]이 필요합니다.

"구호 단체" – [그들]의 일상에는 [희망]이 필요합니다.

4일 차, 감각을 키우기 위한 노래 가사 수정하기

평상시 자주 흥얼거리는 노래나, 좋아하는 가수의 노래 가사를 적어 보고 수정해 보는 것이다. 누구나 한 번쯤은 경험이 있을 것이다. 노래가사를 수정하면서 운율과 대조에 대한 감각을 배울 수 있다. 열심히 개사하다 보면 나만의 운율을 찾을 수도 있다. 시간이 많아서 취미 생활을 하기 위해서 하는 것이 아니다. 나만의 상품 혹은 매장을 홍보하고, 고객들에게 쉽게 다가가기 위해서 연습을 하는 것이다.

5일 차, 비유의 달인되기

적절한 비유는 대화할 때 긴장감을 없애 주고 탄력을 더해 준다. 이솝우화나 성서 등을 읽게 되면 다양한 형태의 비유를 보게 된다. 비유란 어떤 대상을 그와 비슷한 특성이 있는 다른 대상에 빗대어 표현하는 것으로, 비유법은 표현하고자 하는 대상을 다른 사물에 빗대어 표현하는 방법이다.

비유법을 잘 쓰기 위해서는 부단한 연습이 필요하다. **적절한 비유는 당신의 말에 강철 갑옷을 입혀 줄 것이다.**

6일 차, 사진 작가처럼, 때로는 예능 프로그램 PD처럼 행동하기

사진 한 장이면 해결될 일을 글로 설명하려면 반 페이지 혹은 한 페이지 이상이 소요될 수 있다. 그만큼 사진에는 정보가 많다. 우리가 자주 보는 예능 프로그램을 보면 특정한 영상(이미지)에 자막이 들어간다. 물론 그 자막은 당사자의 속마음이 아닌 제작자의 생각이 들어가는 것이다. 하지만 자막이 결합하면서 영상 느낌을 배로 증폭해 준다.

당신이 가지고 있는 스마트폰을 들고 무조건 찍어 보아라. 걸어 가는 사람, 하늘 풍경, 움직이는 자동차, 날아가는 새, 아이들이 웃는 모습 등 눈에 보이는 것을 찍어 보는 것이다. 생각처럼 잘 표현될 수도 있고 이상하게 보일 수도 있다. 하지만 이에 굴하지 않고 많이 찍어 보자. 찍고 마음에 들지 않은 사진은 삭제하면 그만이다. 찍는 것이 중요한 이유는 이미지 시대이기 때문이다. 보여지는 이미지가 전부인 시대에 살고 있다.

비유법

 직유법: ~처럼, ~같이 등 말을 사용하여 직접 빗대어 표현하는 형태
⑩ 사과처럼 예쁜 너의 얼굴

 은유법: A는 B이다. 원 관념과 보조 관념을 은근히 비유하는 형태
⑩ 새장 속의 새보다 새장 밖의 새가 더 행복하다.

 의인법: 사물이나 동식물에 인격을 부여하여 사람처럼 나타내는 형태
⑩ 바람이 내게 귓속말로 전해 주고 간 이야기

 활유법: 무생물을 살아 있는 생물처럼 표현하는 형태
⑩ 종이컵이 숨 쉬는 밤

 풍유법: 본 뜻을 숨기고 비유하는 말만으로 숨겨진 뜻을 암시하는 형태, 속담이나 격언 등
⑩ 등잔 밑이 어둡다.

 대유법: 사물의 일부분이나 특징을 전체를 대신 나타내는 형태
⑩ 빵이 아니면 죽음을 달라.

당신이 사진을 찍는 이유는 사진 작가가 되기 위해서가 아니다. 당신이 하는 일을 좀 더 고객들에게 잘 표현하고자 찍는 것이다. 그렇기 때문에 처음에 무조건 많이 찍었다고 하면 일정한 시점이 지나게 되면 당신을 표현할 수 있는 일상이나 당신과 관련된 일을 찍어야 한다. 그리고 간단하게 표현을 해야 한다. 인스타그램 위주로 사진을 올린다고 하면 그 누구보다 더 사진을 감성적으로 잘 찍어야 한다. 당신이 안 되면 전문 사진 작가를 고용해서라도 찍어야 한다. 왜냐하면 인스타그램은 보이는 것이 전부이기 때문이다. 페이스북에서는 사진보다 글이 먼저 보인다. 친구들의 마음을 움직이는 글을 써야 한다.

7일 차, 텍스트 중독자되기, 때로는 시인되기

당신이 자주 보는 신문이나 잡지 또는 책 속에 있는 글이나 문장을 따라서 써 보자. 당신의 마음을 움직이는 문장 위주로 따라 써 보는 것이다. 생각을 말로 표현하는 것과 글로 표현하는 것은 전혀 다른 차원의 문제이다. 그렇기 때문에 많이 문장을 따라서 써 보고 당신에게 맞는 문장 형태를 발견해야 한다. 또는 시인처럼 시를 써 보자. 시를 쓴다는 것은 내 생각을 함축적으로 정리하고 표현할 수 있다는 것이다.

고객에게 좀 더 다가가기 위해서, 고객에게 좀 더 쉽게 설명하기 위해서, 고객과 함께 하기 위해서 글을 쓰는 것이다. 글을 쓴다는 표현보다는 소셜미디어에서 고객과 소통하기 위한 나만의 말하는 스타일을 만든다는 것이 더 어울릴 수 있다.

일곱 가지 가이드를 매일 실천하다 보면 어느 순간 당신도 고객을 위한 글쓰기, 나 자신을 위한 글쓰기에 익숙해질 것이다.

사진 찍기

"한 장의 사진이 백 마디 말보다 위대하다."

평상시

걸어가는 사람,
하늘의 풍경,
움직이는 자동차,
날아가는 새,
아이들이 웃는 모습 등
눈에 보이는 것을 찍어 보기

신문/잡지/책 따라 쓰기

"나만의 문장 스타일 찾기"

- 신문이나 잡지, 책을 보면서 마음을 움직이는 문장 위주로 따라 써 보기
- 많은 문장을 따라서 써 보고 나에게 맞는 문장 형태 발견하기
- 생각을 말로 표현하는 것과 글로 표현하는 것은 전혀 다른 문제

04

나만의
스타일 만들기

"산을 움직이는 자는 작은 돌을 밀어 내는 것부터 시작한다."
– 공자

나만의 스타일 유지하기

나다움도 찾고, 고객도 선정하고, 마케팅 목표도 만들고, 소셜미디어에 글도 써 보았다면 본격적으로 나만의 스타일을 만들어야 한다. 소셜미디어에서 나만의 스타일이란, 소셜미디어에서 의제를 만들고, 사람들을 이끌고, 사람들과 소통하기 위한 소셜미디어 기업으로 성장하기 위한 스타일을 지칭한다. 소셜미디어(온라인)뿐만 아니라 오프라인도 같이 동조화되어야 한다.

　소셜미디어에서는 로맨틱한 이미지에 맛있는 음식과 친절한 분위기가 감도는 곳이었는데 직접 방문해 보니 '당했다'는 느낌만 든다면 오래가지 못한다. 누구나 이러한 경험은 한 번쯤 있을 것이다. 제품 박스를 뜯어 보니 소셜미디어에서 보았던 이미지와 너무 다른 경우, 소셜미디어에서는 정말 맛있다고 극찬했는데 먹어 보니 내 입맛에 맞지 않은 경우 등 사례를 들자면 한도 끝도 없을 것이다. 우리가 살고 있는 시대가 이미지 시대, 동영상 시대, 순간적인 충동으로 무엇인가를 구매하는 시대이기 때문에 이 부분은 어쩔 수 없는 운명과도 같다. '운명'은 움직인다고 해서 '운명'인 것이다. 어쩔 수 없다고 해서 이 부분의 관리를 기업들이 게을리 한다면 또 다른 후폭풍을 맞을 수도 있다.

나만의 스타일 만들기

나다움도 찾고

고객도 선정하고

마케팅
목표도 만들고

소셜미디어에
글도 써 보았다면

본격적으로 나만의 스타일 만들기

스타일(Style)이란 장르, 디자인, 포맷, 패션,
글꼴, 색상 등을 가리키는 말이다. 스타일은
어느 하나로 완성되는 것이 아닌 이 모든 것
들이 적절하게 조화가 이루어졌을 때 자연스
럽게 나타난다.

고객에게 긍정적인 스타일 인지시키기

앞으로의 세상은 표리부동(表裏不同; 겉으로 드러나는 언행과 속으로 가지는 생각이 다름)한 기업이나 교언영색(巧言令色; 꾸민 말과 꾸민 얼굴)한 개인들이 힘쓰기 어려운 세상이다. 왜냐하면 **모든 것이 검색되고 유리 바닥 위에 서 있는 존재처럼 투명성이 강화될 것이기 때문이다.** '기록은 기억을 지배한다.'는 광고 카피처럼 소셜미디어와 인터넷에 지금도 우리의 이야기들이 기록되고 검색된다. 이러한 세상이 싫다고 도망쳐 보아야 사람이 없는 산 속에서 혼자 사업을 하겠다는 것과 마찬가지이다. 이미 게임의 규칙이 변했다.

소셜미디어의 스타일(Style)은 구체적으로 이야기하자면 장르, 디자인, 포맷, 패션, 글꼴, 색상 등을 가리키는 말이다. 스타일이란 어느 하나로 완성되는 것이 아닌 이 모든 것들이 적절하게 조화가 이루어졌을 때 자연스럽게 나타난다. 또한 내가 '난 이런 스타일이야.'라고 설명하는 것이 아닌 나를 보는 남들이 말해 주는 것이다.

한번 고객에게 인지된 스타일을 바꾸기란 쉽지 않다. 비유를 하자면 어느 날 갑자기 개그맨 유재석이 강호동처럼 말하고 행동한다면 사람들이 어떻게 받아들일 것인가? 이와는 정반대로 강호동이 유재석처럼 말하고 행동하는 것을 우리는 상상할 수 있을까? 상상이야 가능하겠지만 실현되지는 않을 것이다. **스타일이라고 하는 것이 하루아침에 뚝딱 만들어지는 것이 아니기 때문이다.** 시대마다 대세가 되는 유행하는 스타일이 있다고 해도 모두를 만족시킬 수는 없다. 산을 올라가게 되면 내려오게 된다. 이는 개인이나 기업이나 마찬가지이다.

소셜미디어도 마찬가지이다. 나만의 스타일은 하루 아침에 만들어지지 않는다. 끊임없이 연구하고 실행하며 작은 실수들을 반복해 나가면서 만드는 것이다. 당신의 스타일이 없다고 슬퍼할 필요가 없다. 지금부터 시작하면 된다. 소셜미디어 시대가 이제 막 유아기에서 성장기로 접어들기 때문이다. 앞에서 언급한 장르(글 쓰는 스타일), 디자인(사진 스타일), 형식, 패션, 글꼴, 색상 중에서 하나를 선택해서 출발하면 된다. 다양한 시도를 통해서 고객과 나의 간격을 계속해서 좁히는 노력을 하자.

나만의 스타일 만들기

글 쓰는 스타일

1. 시처럼 쓸 것인가?
2. 소설처럼 쓸 것인가?
3. 수필처럼 쓸 것인가?
4. 동화처럼 쓸 것인가?
5. 여행기처럼 쓸 것인가?
6. 드라마처럼 쓸 것인가?
7. 코미디처럼 쓸 것인가?
8. 판타지처럼 쓸 것인가?

사진 스타일

1. 인물 사진
2. 풍경 사진
3. 일하는 사진
4. 실내 사진
5. 어두운 빛감의 사진
6. 밝은 빛감의 사진
7. 먹는 사진
8. 여행하는 사진
9. 공부하는 사진
10. 동물 사진
11. 가로형
12. 세로형

형식

1. 이미지(사진)
2. 카드 뉴스
3. 영상
4. 텍스트

나만의 스타일 만들기

패션

1. 클래식
2. 캐주얼
3. 스포티지
4. 밀리터리
5. 스티브잡스 스타일

글꼴

1. 강한 이미지
2. 부드러운 이미지
3. 세련된 이미지
4. 클래식한 이미지
5. 역동적인 이미지
6. B급 이미지

색상

1. 열정의 빨간색
2. 활력의 주황색
3. 쾌활한 노란색
4. 지성적인 녹색
5. 고요한 파란색
6. 고귀한 보라색
7. 순수한 흰색
8. 우울한 회색
9. 장엄한 검은색

나만의 캐릭터 만들기

우리 상품 또는 서비스를 대표하는 캐릭터를 만들어 보자.

① 성별: 남성, 여성, 중성, 성별 없음
② 종류: 동물, 식물, 무생물, 사람, 상상 속 존재
③ 말하는 스타일: 직선적, 부드러움, 비유적, 유머스러움
④ 언어 수준: 전문적, 쉬운 단어 사용

캐릭터는 맞춤 양복처럼 몸에 편하게 맞아야 한다. 내 옷이 아닌 남의 옷을 입은 느낌이 나는 캐릭터라면 아무리 그 캐릭터가 탐이 나더라도 버리고 새롭게 다시 시작해야 한다. 캐릭터를 만들었으면 이미지로 표현해서 실체화하는 것이 중요하다. 이렇게 만들어진 캐릭터를 가지고 소셜미디어와 오프라인에서 활용하면 된다.

캐릭터를 만들기 위해 필요한 것

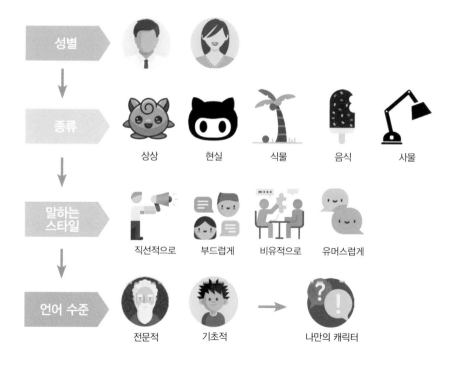

05

목적형 소셜미디어
콘텐츠 만들기

"명확한 목적이 있는 사람은 가장 험난한 길에서도 앞으로 나아가고, 아무런
목적이 없는 사람은 가장 순탄한 길에서도 앞으로 나아가지 못한다."
– 토머스 칼라일

목적 설정하기

'목적'이라는 말을 들으면 어떤 감정이 떠오르는가? 긍정적인 감정인가? 부정적인 감정인가? 사람에 따라 다르겠지만 대다수 사람들은 '목적'이라는 단어를 들었을 때 긍정적인 느낌보다는 부정적인 느낌을 더 많이 생각한다. **'목적'이라는 단어는 '일을 이루려고 하는 목표나 나아가는 방향'을 뜻한다.** 단어 그 자체로서는 부정적인 여지가 끼어들 요소가 없다.

이 단어를 활용하는 우리들은 '목적'이라는 단어에 색 안경을 쓰고 본다. 왜냐하면 '일을 이루려고 하는~'에 '일' 자체가 선한 의도도 있지만 나쁜 의도도 많기 때문이다. 그러나 이중적인 느낌을 가지고 있는 '목적'이라는 단어를 이제부터라도 가까이 하고 지내야 한다.

우리가 소셜미디어를 활용함에 있어 '목적'을 명확히 설정하지 않으면 소셜미디어라고 하는 바다 위에서 길을 잃고 헤매는 존재가 될 수 밖에 없다. **목적이 없는 배는 가고자 하는 방향성이 없기 때문에 파도가 치는 방향에 따라서 이리저리 휩쓸리다가 난파될 수 있다.**

소셜미디어에서 누군가의 들러리가 아닌 **주인공이 되기 위해서는 자신만의 목적이 명확해야 한다.** 특히 소셜미디어 콘텐츠를 만들 때 이 부분이 명확해야 한다. 업데이트하는 콘텐츠들이 어떻게 전달되었으면 좋겠는지 생각해야 한다.

포스팅하는 콘텐츠 종류를 구분하자면 **일상을 공유하는 콘텐츠**와 **목적을 가지고 올리는 콘텐츠**로 구분 지을 수 있다.

일상을 공유하는 콘텐츠는 평상시 스타일대로 편안하게 올리면 된다. 주의사항으로는 어느 선까지 일상과 감정을 보여줄 것인가를 생각해야 한다는 것이다. 이러한 기준점이 없이 일상을 공유하다 예기치 않게 상처를 받을 수도 있고, 구설수에 오를 수도 있다. 소셜미디어의 주인은 온전히 당신이 되어야 한다. 물론 결과에 대한 책임도 당신 몫이다.

"목적, 일을 이루려고 하는 목표나 나아가는 방향"
당신이 소셜미디어 콘텐츠를 통하여 얻고자 하는 것은 무엇인가?

목적형 콘텐츠 분류하기

하루 종일 올린 콘텐츠 중에서 목적을 담아서 올리는 콘텐츠는 몇 퍼센트나 되는가? 이중에 몇 퍼센트가 당신의 의도에 부합되게 전달되고 그 역할을 다 하는가? 목적형 콘텐츠 카테고리를 어떻게 분류해야 할까?

중요한 것은 당신의 사업이나 목적에 맞게 콘텐츠 카테고리를 만들어야 한다는 것이다. 그래야 콘텐츠 작업이 수월해지며, 어떤 콘텐츠에 비중을 두고 어떤 콘텐츠에 힘을 뺄지 콘텐츠 강도에 대한 계산을 할 수 있다.

우리가 가지고 있는 자원이 무한하다면 모든 콘텐츠를 정성과 시간을 다해서 만들 수 있지만 현실은 그렇지 않다. 한정된 자원을 가지고 움직일 수 밖에 없다. 한정된 자원을 가지고 있는 것은 고객도 마찬가지이다. 고객도 시간과 관심이라는 한정된 자원을 가지고 소셜미디어의 콘텐츠를 대한다. 그렇기 때문에 모든 콘텐츠를 일일이 애정과 관심을 가지고 볼 수가 없다. 관심을 가지고 있거나 시선을 잡는 콘텐츠에 눈길이 갈 수 밖에 없는 것이다. 역지사지로 생각해 보면 된다.

목적형 콘텐츠를 분류하기 위해서 우리가 판매하거나 서비스하고 있는 상품이나 제품군에 대한 분류가 필요하다. 그다음에는 우리 제품이 가지고 있는 고유한 속성을 정리해야 한다. 예를 들면 청소기의 경우, '깨끗함', '상쾌함', '청결' 등의 속성을 가지고 있다. 이러한 속성들은 고객에 따라 선호하는 부분이 달라진다. 이러한 속성과 계절별 또는 분기별 특징을 결합하게 되면 그 시기에 어울리는 콘텐츠를 만들 수 있다. 이렇게 만들어진 콘텐츠에 우리가 원하는 목적을 더 하면 된다.

예를 들자면 제품 홍보, 사용법 안내, 사용자 참여 유도, 브랜드 인지도, 입소문 등 다양한 형태로 콘텐츠를 분류할 수 있다. 목적형 콘텐츠를 분류하는 이유는 우리가 특정한 의도를 가지고 만든 콘텐츠가 제작 의도대로 고객들에게 전달되고 고객을 움직였는지 파악하기 위해서이다. 그래야 그다음으로 나아갈 수 있기 때문이다.

제품 홍보를 목적으로 하는 콘텐츠

세미나 홍보/모집을 위한 콘텐츠

제품 사용법 안내를 위한 콘텐츠

사용자의 참여를 유도하는 콘텐츠
(퀴즈, 댓글, 해시 태그, 공모전, 경연 대회 등)

브랜드 인지도 상승을 위한 콘텐츠

구인 혹은 구직을 목적으로 하는 콘텐츠

기타

목적형 콘텐츠
분류하기

목적형 콘텐츠를 만드는 10단계 프로세스

목적형 콘텐츠를 통해 고객을 내 의도대로 움직이게 만들기 위해서 무엇이 필요할까? 어떻게 해야 고객들이 내가 설계한 방향으로 움직일 것인가? 책상에 앉아서 고민해 보아야 의미가 없다. 오히려 고민만 깊어질 뿐이다. 그렇다면 고객을 유혹하는 콘텐츠를 만들기 위한 비법이 있을까? 비법은 없다. 그러나 기본적인 프로세스는 있다.

① 콘텐츠 목표

하나의 목표를 정하는 것이 좋다. 하나의 콘텐츠에 여러 가지 목적이 섞여 있으면 콘텐츠가 힘을 받기 어렵다. 홍보면 홍보, 판매면 판매에 맞추어야 한다. 한꺼번에 홍보도 하고 판매도 하면 금상첨화겠지만 잘못하면 이도 저도 아닌 것이 된다.

② 목표 고객에 대한 선정

소셜미디어에서 콘텐츠를 소비하거나 공유하는 집단은 누구인가?

③ 주제 선정 및 가제 정하기

주제를 선정할 때 우리가 만들고자 하는 콘텐츠가 시기상으로 적합한지, 고객의 호응을 이끌어 낼 수 있는지 작업에 들어가기 전에 한번 더 생각해 보아야 한다. 또한 사전에 고객들이 받아들일 수 있게 기본 콘텐츠로 마음의 문을 해제해 놓아야 한다. 마음의 준비도 되지 않은 상태에서 무턱대고 프로포즈해 보았자 돌아오는 대답은 뻔하다. 마음의 문을 열어 줄 기본 콘텐츠는 평상시 준비하고 업데이트를 해 놓아야 한다.

④ 황금 열쇠가 되어 줄 키워드 찾기

남들이 사용하지 않은 단어, 남들이 접근하지 않은 관점, 우리와는 전혀 상관없는 업종, 한번도 보지 않았던 책, 그림, 영화, 음악, 시집 등에서 키워드를 찾아 보자.

⑤ 문장 만들기

키워드별로 단문을 만들어 보자.

⑥ 스토리 다듬기

스토리 다듬기는 기본적인 문장을 토대로 하여 살을 붙여가는 과정이다.

목적형 소셜미디어 콘텐츠 제작 프로세스

1. 콘텐츠 목표
친환경 공법으로 만든 업사이클링 가방

2. 목표 고객
20대 초반, 서울 거주 여대생,
친환경 제품을 선호하며, 주로 업사이클링 가방을 구입

3. 주제 선정 및 가제 정하기
업사이클링 가방이 변화시키는 지구 환경
"패션과 환경을 동시에 구하는 친환경 가방"

4. 황금 열쇠가 되어 줄 키워드 찾기
평소에 접하지 않았던 영역에서 찾기

5. 문장 만들기
단어와 단어를 연결해서 단문 만들기

6. 스토리 다듬기
보는 사람의 환경을 생각하면서 강약 조절하기

⑦ 제목 만들기

여기까지 끝냈다면 진짜 제목 만들기에 들어가야 한다. 마지막에 제목을 만드는 이유는 제목이 모든 것의 핵심이기 때문이다. 열심히 콘텐츠를 만들어도 고객이 클릭해서 보지 않으면 의미가 없다. 일단 클릭하게 만들어야 한다. 목적 달성은 그다음 일이다. 그렇게 하기 위해서 글을 쓰는 내내 제목에 대한 생각을 해 보아야 한다.

쉽게 적용할 수 있으면서 효과성이 뛰어난 방법은 '뉴스 제목'이다. 뉴스 제목은 보는 순간 머릿속에 이미지가 연상되고, 무엇인가 더 있을 것 같은 느낌을 주기 때문에 습관적으로 클릭하게 된다.

⑧ 디지털 콘텐츠로 변환하기

이렇게 제목까지 다 만들었으면 디지털 콘텐츠로 변환을 한다. 이미지 중심의 카드 뉴스를 만들 수도 있고, 인포그래픽을 만들 수도 있고, 동영상을 만들 수도 있다.

⑨ 콘텐츠 퍼블리싱하기

마지막으로 해야 할 일은 고객들이 주로 활동하는 소셜미디어에 콘텐츠를 업데이트하는 일이다. 콘텐츠를 업데이트할 때 고객의 클릭을 유도하기 위해 해당 콘텐츠가 가지고 있는 의미, 콘셉트, 제작 과정 등을 간략하게 언급하면 클릭율을 높일 수 있다. 필요하다면 '공유해 주세요.', '구매해 주세요.'와 같이 원하는 바로 대 놓고 써도 된다.

⑩ 피드백 분석하기

클릭율은 높은데 원하는 목적을 달성하지 못했다면, 해당 콘텐츠가 목적한 바와 고객이 원하는 바가 일치하지 않는 것이다.

그렇다고 실망할 일은 아니다. '고객이 원하는 바와 일치하지 않는다'라는 사실을 알게 된 것이 더 중요하다. 이제부터 할 일은 명확해진다. 고객이 원하는 바를 찾아 나가면 된다. 고객을 직접 만나 보거나, 설문지를 활용하거나, 집단 인터뷰를 통해서 시작해 보는 것이다.

목적형 소셜미디어 콘텐츠 제작 프로세스

7. 제목 만들기 – 카피해서 창조하기
- 광고 카피 활용하기
- 뉴스 제목 활용하기
- 책 제목/목차 활용하기
- 예능 자막 활용하기
- 시 활용하기

8. 디지털 콘텐츠 변환하기
- 이미지 중심의 카드 뉴스
- 동영상 중심의 유튜브
- 목소리 중심의 팟캐스트 등

9. 콘텐츠 퍼블리싱
- 시간 정하기
- 소셜미디어 채널 정하기
- 클릭을 위한 문구 정하기
- 부탁하기 – '공유해 주세요.', '구매해 주세요.', '조언해 주세요.' 등

10. 피드백 분석하기
- 공유 횟수
- 댓글 횟수
- 조회 수
- 구매 횟수
- 가입률 등
- 우리가 정한 수치를 분석하고 김종하고 개선하기

06

365일
콘텐츠 다이어리 만들기

"천천히 가는 것을 두려워 하지 마라. 다만 가만히 서 있는 것을 두려워 하라."

콘텐츠 다이어리 만들기

모든 일들이 다 그렇겠지만, 소셜미디어 마케팅 역시 꾸준함과 진정성이 핵심이다. 꾸준함이란 생각만 가지고 되지 않는다. 꾸준함을 실천할 수 있게 만들어 주는 다양한 장치 및 도구가 필요하다. 예를 들면 콘텐츠 작성 시간을 알려 주는 알람이나 콘텐츠 제작 일정을 작성해 놓은 일정표 등을 들 수 있다.

365일 콘텐츠 다이어리란 365일 동안 소셜미디어에 글을 쓰기 위한 아이디어, 콘텐츠 샘플, 이미지 등을 모은 **지니의 마법 램프**이다. 콘텐츠 아이디어가 필요할 때 언제든지 꺼내서 보면 된다. 365일 콘텐츠 다이어리는 시중에 판매하는 노트, 스케치북으로 만들 수도 있고, 온라인 서비스인 구글 문서를 활용해서 만들 수도 있다. 만드는 것보다 중요한 것은 활용하는 것이다. 주객이 전도되면 안 된다. 매일 보고 매일 활용해야 된다. 어떤 점이 도움됐는지 어떤 부분이 의미가 없었는지에 대한 개인적인 생각들도 정리해 놓아야 한다. 그래야 1년, 2년 쌓여가면서 진정한 역사를 가진 콘텐츠 다이어리로 변모할 수 있다.

365일 콘텐츠 다이어리 제작 과정

① A4 용지를 준비한다.
② A4 용지에 봄, 여름, 가을, 겨울 키워드를 적는다.
③ 또는 분기별(1/4, 2/4, 3/4, 4/4)로 구분한다.
④ 봄(3~5월)에 해당하는 메인 키워드를 적는다. 고객의 관점에 키워드를 선별하고 해마다 반복되는 키워드를 찾아야 한다.

예를 들면 '미니멀리즘을 위한 봄철 인테리어'라고 하면 '봄철 인테리어'가 메인 키워드이고 '미니멀리즘'은 시대 정신이 반영된 키워드이다. 시대 정신이 반영된 키워드는 시대별로 달라진다. 하지만 유행은 돌고 돈다. 그렇기 때문에 메인 키워드를 작성하고 하위 키워드를 얼마나 많이 도출하는가에 따라 콘텐츠 다이어리 활용도가 달라진다. 하위 키워드 도출을 위해 관련 분야의 책 목차를 활용하는 것도 하나의 방법이다.

365일 콘텐츠 다이어리

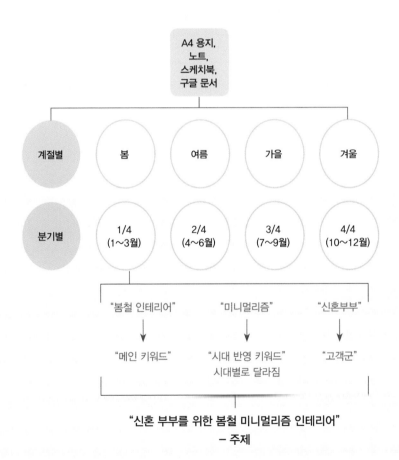

⑤ 여름(6~8월), 가을(9~11월), 겨울(12~2월)의 메인 키워드를 적어 본다. 지금 하고 있는 단계는 구상 단계이다. 완벽을 요하는 것이 아닌 내 머릿속의 생각들을 정리해 보는 것이다.

⑥ 기념일 또는 행사 중심으로 키워드를 작성해 본다. 이때의 기준점은 계절별보다 분기별로 하는 것이 구조 잡기에 좀 더 편하다. 1/4분기(1~3월)에 대표적인 기념일은 설날, 발렌타인데이, 졸업식, 입학식 등이 있다.

⑦ 구상 단계가 끝나면 본격적으로 콘텐츠 다이어리를 만들기 위한 작업에 들어간다. 콘텐츠 다이어리를 만들기 위한 도구 선별(노트 및 온라인 도구)에 들어간다.

⑧ 관련 데이터를 조사하여 콘텐츠 다이어리를 채워 나간다. 콘텐츠 다이어리는 하루 아침에 만들어지지 않는다. 일정한 시간을 가지고 만들어 가야 한다. 물론 언제까지 만들겠다는 시간의 제한을 두고 작업을 해야 한다. 그렇지 않으면 1년이 지나도 만들지 못할 수 있다.

헬리콥터 뷰 시각 갖기

365일 콘텐츠 다이어리를 만드는 진정한 목적은 헬리콥터 뷰의 시각을 갖는 것이다. 우리가 TV를 통해서 축구 경기를 보거나 농구 경기를 보면서 선수나 감독보다 폭 넓게 경기를 보고 평가할 수 있는 것은 경기장 모습을 카메라를 통하여 보고 있기 때문이다. 어디로 공이 갈지, 누가 잘하고 있는지, 헤매고 있는지 한눈에 들어온다. 그래서 우리는 스포츠 경기를 TV로 보면서 말을 많이 한다. 하지만 내가 실제 선수가 되거나 감독이 되면 TV를 보면서 훈수를 두듯 잘 할 수 있을까? 아마 불가능할 것이다. 첫 번째로 우리는 선수도 감독도 아니기 때문이다. 하지만 전체를 위에서 내려다 보면 선수나 감독이 아니더라도 훈수를 둘 수 있다. 이를 헬리콥터 뷰라고 한다.

이와 마찬가지로 콘텐츠 다이어리를 만드는 것은 1년 365일 동안 어떠한 일들이 발생하고 이러한 일들에 어떻게 대비하여 콘텐츠를 만드는 것이 좋은지 미리 앞서서 하늘 위에서 내려다 보는 시각을 갖게 만들어 준다. 전체를 볼 수 있는 눈을 키워야 한다.

365일 콘텐츠 다이어리

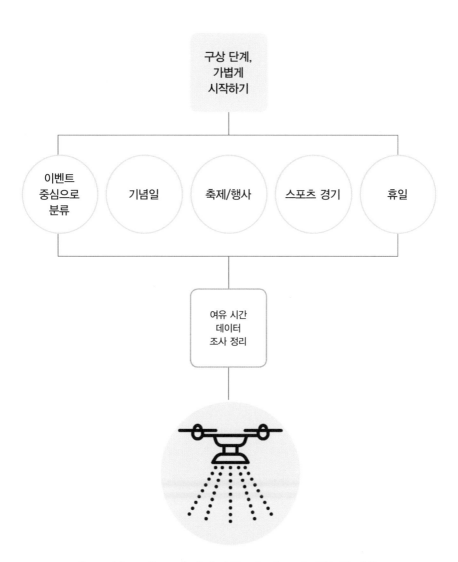

"365일 콘텐츠 다이어리를 만드는 진정한 목적은
헬리콥터 뷰의 시각을 갖는 것"

07

소셜미디어
마케팅 정리하기

소셜미디어 마케팅이란

소셜미디어 마케팅은 내가 가지고 있는 자원(인적/물적/유형/무형)을 활용하여 스토리를 만들고 일상, 독특한 경험, 느낌, 제품, 서비스 등을 가볍게 정리하는 것에서 시작한다.

대상층을 정하고 콘셉트 도출(재미, 유머, 방법), 제목 만들기, 본문 내용, 맺음말 등 스토리를 가공하여 콘텐츠를 만든다. 콘텐츠는 카드 뉴스, 동영상, 텍스트+이미지 등이 된다. 만든 콘텐츠는 블로그, 페이스북, 트위터, 카카오스토리, 밴드 등 소셜미디어에 유통한다.

고객들의 주위를 환기하고 관심을 유발하게 하여 고객들이 자발적으로 콘텐츠를 공유하거나 구매하게 만드는 총체적인 과정을 소셜미디어 마케팅이라고 부른다.

이러한 이야기들을 고객들의 검색 키워드에 맞게 가공하여 블로그나 회사 웹 사이트에 올린다. 이때 가장 중요한 요소는 제목과 키워드이다. 우리 제품과 서비스를 원하는 구매 고객이 최종적으로 검색 엔진에서 사용하는 키워드를 도출하여 제목을 만들어야 한다. 예를 들면 '하루종일 서서 작업해도 발바닥과 다리를 보호하는 클래식한 구두' 또는 '정장에 잘 어울리는 스니커즈' 등 상세 키워드가 결합된 제목이다.

블로그에 올린 콘텐츠를 페이스북에 공유하고자 할 때는 내가 왜 이 콘텐츠를 공유했는지에 대한 이유를 잘 작성하는 것이 핵심 포인트이다. 소셜미디어에 올린 콘텐츠들이 다양한 사용자들에게 노출되고 사람들이 그 글에 관심과 호기심에 생기기 시작하면서 링크를 타고 자연스럽게 블로그나 회사 웹 사이트에 방문하게 된다. 이 모든 것들이 콘텐츠에서 시작된다.

역삼각형 스타일의
소셜미디어 마케팅 구조 만들기

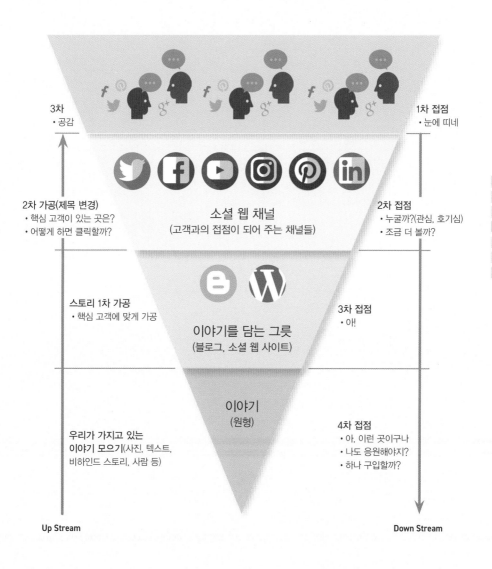

3차
• 공감

1차 접점
• 눈에 띠네

2차 가공(제목 변경)
• 핵심 고객이 있는 곳은?
• 어떻게 하면 클릭할까?

소셜 웹 채널
(고객과의 접점이 되어 주는 채널들)

2차 접점
• 누굴까?(관심, 호기심)
• 조금 더 볼까?

스토리 1차 가공
• 핵심 고객에 맞게 가공

이야기를 담는 그릇
(블로그, 소셜 웹 사이트)

3차 접점
• 아!

이야기
(원형)

우리가 가지고 있는
이야기 모으기(사진, 텍스트,
비하인드 스토리, 사람 등)

4차 접점
• 아, 이런 곳이구나
• 나도 응원해야지?
• 하나 구입할까?

Up Stream

Down Stream

5

준비

지속 가능성을 위한 스몰 플랫폼 만들기

이정표와
심볼을 위한 사이트 만들기

웹 사이트의 역할

소셜미디어 시대, 웹 사이트가 필요할까? 페이스북으로 활동을 보여 주고, 유튜브에 제품 동영상을 올리고, 블로그에 다양한 제품 리뷰가 있는데 굳이 웹 사이트를 만들고 관리할 필요가 있을까?

"웹 사이트에 고객들이 자주 찾아오는 것도 아니고, 웹 사이트에서 고객과 소통하는 것도 아니며, 그렇다고 물건을 판매하는 것도 아닌데 굳이 만들어야 할까? 지금 하고 있는 소셜미디어 운영도 힘들어 죽겠는데…….", 많은 사람들이 이런 생각을 하고 있다. 웹 사이트의 중요성은 시간이 지날수록 하락하고 있다. 있어도 그만 없어도 그만인 '계륵'과 같은 존재가 되었다.

"정말, 웹 사이트의 존재감이 없을까?"

그러나 웹 사이트는 당신이 생각한 것보다 더 큰 가치를 지니고 있다. 웹 사이트는 Web과 Site가 결합된 단어다. 무한대 웹 안에 있는 특정한 주소를 가진 특정한 공간이 웹 사이트이다. 나 자신을 드러내고 이야기를 할 수 있는, 누구에게도 간섭받지 않는, 오롯이 나만의 이야기를 할 수 있는 공간이다.

그리고 **기업의 가치와 철학을 제대로 보여줄 수 있는 곳이 바로 웹 사이트이다**. 블로그, 유튜브, 페이스북, 인스타그램 등은 소유의 주체가 있고, 일정한 규칙과 규율이 존재한다. 이러한 것들을 무시하고 마음대로 할 수 없다. **또한 소셜미디어에서 만난 고객들은 진정한 우리의 고객이 아닌 경우가 많다. 어떻게 보면 스쳐 지나가는 관계 속의 고객 군이 될 수 있다.** 이러한 고객들을 우리만의 고객으로 만들기 위해서 하나의 이정표 및 심볼이 필요하다. 그러한 역할을 하는 것이 웹 사이트이다.

**"정말,
웹 사이트의
존재감이 없을까?"**

기업의 가치와 철학을
제대로 보여줄 수 있는 곳

나 자신을 드러내고 이야기를
할 수 있는, 누구에게도
간섭 받지 않는, 오롯이 나만의
이야기를 할 수 있는 공간

다양한 소셜미디어들은 소유의
주체가 있고, 일정한 규칙과 규율이
존재한다. 이러한 것들을 무시하고
마음대로 할 수 없다.

고객들을 우리만의 고객으로 만들기 위해서
하나의 이정표 및 심볼이 필요하다.

웹 사이트 활용을 위한 관점 전환

① 우리가 만든 콘텐츠를 웹 사이트에 가두지 않겠다.

데이터 자체는 웹 사이트 서버에 있는 것이 아니라, 고객들이 많이 이용하는 서비스 공간에 올려져 있어야 한다. 동영상은 유튜브 또는 네이버, 사진은 인스타그램으로 올리는 것이다. 이렇게 올린 데이터를 다시 우리 사이트에 공유하여 데이터의 선순환 구조를 만들어야 한다. 민들레 홀씨처럼 우리가 만드는 데이터는 온라인 방방곡곡에 뿌려져야 한다.

② 웹 사이트는 고객이 방문하는 종착지가 아니라 출발선이다.

고객이 일회성 방문 또는 목적한 바를 다하고 떠나는 곳이어서는 안 된다. 웹 사이트를 통해 우리가 하는 일에 관심을 가지게 만들고 이를 다시 우리가 운영하는 소셜미디어 채널로 이동시켜야 한다. 이를 위해서는 웹 사이트 인터페이스 구성을 잘 해야 한다. 또한 웹 사이트에서 보여주는 콘텐츠와 소셜미디어 채널에서 보여지는 콘텐츠의 구성이 달라야 한다. 예를 들면 소셜미디어 채널 콘텐츠가 요약본이면 웹 사이트에 있는 콘텐츠는 풀 버전으로 보여 주는 것이다. 물론 반대여도 무방하다.

③ 고객들의 이야기를 수집하는 공간이다.

고객들과 소통하기 위한 다양한 서비스가 있어야 한다. 예를 들면 설문조사, 고객 불만함, 고객 리뷰, 건의사항 등 우리가 들을 수 있는 고객의 목소리, 담을 수 있는 고객 이야기를 창의적으로 수집하는 공간으로 만들어야 한다.

이 관점은 가장 중요하다. 고객과 1:1로 직접 대응하는 채널로 성장할 수 있고, 고객들의 성지로 만들 수 있기 때문이다. 실시간 대화가 아닌 비동기화 대화가 주는 장점을 살려야 한다.

관점만 전환한다고 해서 무엇인가 변하거나 바뀌지는 않는다. 웹 사이트를 리뉴얼하거나 새롭게 제작하는 것도 필요하다.

"웹 사이트에 대한 관점을 바꾸자."

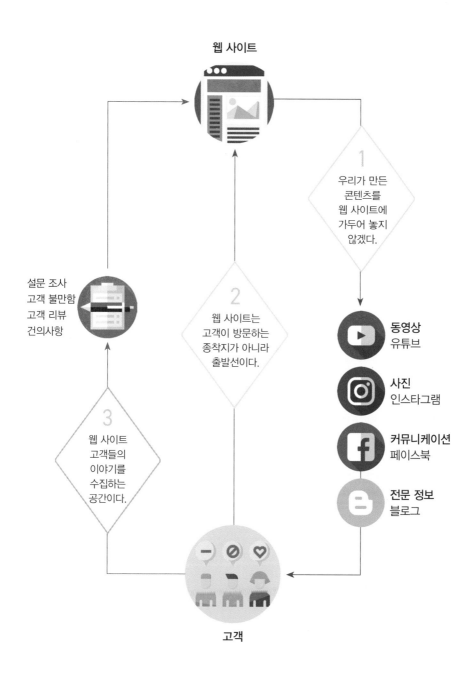

웹 사이트

우리가 만든
콘텐츠를
웹 사이트에
가두어 놓지
않겠다.

설문 조사
고객 불만함
고객 리뷰
건의사항

1

2

웹 사이트는
고객이 방문하는
종착지가 아니라
출발선이다.

동영상
유튜브

사진
인스타그램

커뮤니케이션
페이스북

전문 정보
블로그

3

웹 사이트
고객들의
이야기를
수집하는
공간이다.

고객

웹 사이트를 만들기 위한 단계

웹 사이트 제작, 개발, 구축이라는 영역이 전문가 아닌 사람들에게는 복잡하고 어려우며 돈이 많이 소요된다는 고정 관념이 있다. '웹 사이트 제작' 혹은 '웹 사이트 개발'이라는 이야기를 들으면 다수의 분들이 "돈이 많이 들어간다.", "너무 어려운 일이다.", "누가 대신해 주면 몰라도 나는 못해." 등 부정적인 언급을 많이 한다. 비용이 많이 들고 복잡하고 어려운 것이 맞지만 지금은 예전보다 쉽게 만들 수 있다. 그것도 무료로 만들 수 있다. 물론 접속하는 기기의 화면에 최적화된 콘텐츠를 보여주는 반응형 웹 사이트로 만들어야 한다.

웹 사이트를 만들기 위해서는 몇 가지 단계를 넘어가야 한다.

1. 구상하기	• 웹 사이트 제작 목적은 무엇인가? • 웹 사이트를 통하여 어떠한 이미지를 전달하고 싶은가? • 제작 후 어떻게 활용도를 극대화할 것인가? • 어떤 사람들이 볼 것인가? • 어떤 경로를 통하여 우리의 웹 사이트를 인지할 수 있을까? • 어떠한 콘텐츠를 사용할 것인가? • 관련 분야 웹 사이트를 방문하고 살펴보고 중요한 포인트 위주로 기록하기 • 구상 단계에서 정리되지 않은 생각들을 키워드 중심으로 메모하기
2. 기획하기	• 콘셉트 도출하기(원하는 느낌을 줄 수 있는 사이트 만들기) • 핵심 고객 선정하기 • 사이트 메뉴 만들기(제작 목적에 부합하는 메뉴 구성하기) • 웹 페이지 레이아웃 설계하기 • 웹 사이트에 사용할 콘텐츠(텍스트, 이미지, 영상 등) 확보하기
3. 제작하기	• 콘텐츠 제작하기 • 디자인 작업하기 • 프로그램 작업하기 • 오픈 테스트하기(오픈 전 주위 지인 및 단골 고객들에게 피드백 받기)

웹 사이트 제작이 끝났으면 이제 할 일은 단 하나뿐이다. 고객들에게 사이트를 홍보하는 것이다. 그리고 고객들의 방문을 유도해야 한다. 아니 오게 만들어야 한다. 오게 만들려면, 고객에게 가치가 있어야 한다. 우리는 고객에게 어떠한 가치를 주는가?

웹 사이트는 어떻게 만들어지나요?

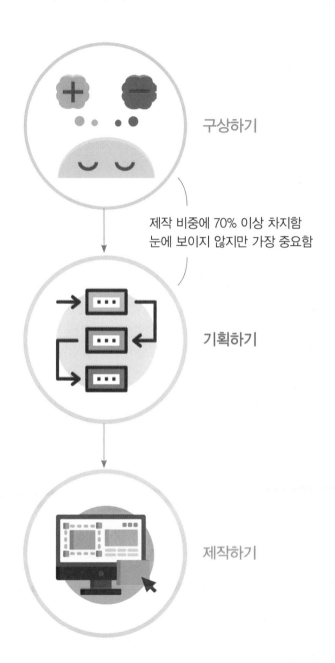

구상하기

제작 비중에 70% 이상 차지함
눈에 보이지 않지만 가장 중요함

기획하기

제작하기

고객 개발과
관계 맺기

웹 사이트 구축이 끝나면, 함께 할 고객을 찾고, 고객에게 새로운 라이프 스타일 콘텐츠를 제안하고, 이렇게 확보한 고객과 지속적인 관계 맺기에 들어가야 한다. 고객을 확보하는 방법은 크게 오프라인과 온라인으로 구분할 수 있다.

찾아라

소셜미디어에서 활동 중인 우리 고객들이 어디에 있는지, 어디에서 주로 활동하고 반응하는지 찾아야 한다. 고객이 없는 곳에서 큰 목소리로 고객이 원하는 이야기를 외친다고 해도 돌아오는 반응은 무반응이다. 정보가 필요한 친구들에게 공유를 통하여 혹은 카톡이나 메시지로 정보를 전달할 수 있지만, 효율적인 측면에서는 떨어질 수 밖에 없다. 찾는 방법은 의외로 간단하다. 내가 정한 고객 층들이 소셜미디어에서 주로 어떤 채널을 통하여 소통하는지 알아보는 것이다. 미디어에 노출된 정보를 보고 시작하는 것은 한발 늦는다.

수집하라

고객에 대하여 수집할 수 있는 모든 것을 수집하라. 고객이 사용하는 단어, 하는 말, 고객이 올리는 사진 등, 고객에 관한 것이라면 그 무엇이라도 수집하라.

고객의 생각을 수집하기 위한 방법 중에 하나는 해시 태그 검색이다. 해시 태그 검색은 특정한 키워드에 대한 다양한 생각들을 만나 볼 수 있다. 또 하나의 방법으로는 유튜브가 있다. 유튜브에서 고객의 라이프 스타일 및 인터뷰 동영상을 찾고 보면서 고객의 경험을 기록하라.

무조건 주어라

앞에 단어 하나가 더 붙는다. '양질'이다. '양질의 정보를 무조건 주어라.'다.

'양질의 정보'란 어떤 정보를 의미하는가? 정보 기준점은 무엇인가? 전달은 어떻게 할 것인가? 우리가 이야기하는 단어를 쪼개고 나누고 정의해 보아야 한다. 그래야 실체가 보인다. **말을 한다고 해서 그 의미를 다 아는 것이 아니다.** 제대로 사용하기 위해서는 단어가 내포하고 있는 정확한 뜻을 알고 사용해야 한다.

진심을 담아라

매출을 높이기 위해서 고객을 확보하는 것이 아닌 고객의 삶에 도움을 주기 위해 진심을 담아라. 최고의 서비스와 최고의 제품을 위하여 노력하고 경주하는 모습을 보여라. 기업이 지속 가능한 생존을 위하여 돈을 버는 것은 당연한 것이다. 이 당연한 것을 앞세우지 마라.

이 당연함 속에는 고객 감동이라는 명제가 숨어 있어야 한다. 한순간의 눈속임은 있을 수도 있어도 오래 지속되지는 않는다. 사람마다 원하는 양질의 정보가 다르고 그 정보를 해석하는 방법이나 전달받는 방법 역시 다르다. 누구는 동영상 콘텐츠를 선호하고, 누구는 카드 뉴스를 선호하고, 누구는 보고서 스타일을 선호한다. 모든 사람들을 다 만족하게 할 수 없다. **'모두가 만족할 수 없다'는 사실을 인지할 때 우리만의 고객이 보이기 시작한다.**

만나라

만난다는 것은 시간과 에너지를 소비한다. 시간과 에너지를 소비한 만큼 얻는 것도 있어야 한다. 고객도 바쁘고 당신도 바쁘다. 소셜미디어에서 자주 만나는 고객에게 당신은 어떤 메시지를 전달할 것인가?

03

뉴스레터로
고객과 직접 소통하기

"소셜미디어 시대에 이메일 뉴스레터가 필요할까?"
"뉴스레터 기반 이메일 마케팅은 구시대 이야기가 아닐까?"

당신도 이러한 생각을 가지고 있는가?

반은 맞고 반은 틀렸다. 스팸 메일 공해 때문에 대다수 사람들이 이메일을 멀리 한다. 하지만 **정보가 차고 넘치는 세상, 볼 것도, 알 것도, 공부할 것도 많은 세상.** 나에게 필요한 정보를 맞춤형으로 제공해 주는 뉴스레터 서비스가 고객들의 호감을 다시 불러 일으키고 있다. 고객들이 자발적으로 이메일 뉴스레터를 신청하고 적극적으로 콘텐츠를 소비한다. 예전과는 많이 달라진 행동이다. **아이러니하게도 취사 선택할 수 있는 정보가 많으면 많을수록 이러한 현상은 더욱 가속화될 것이다.** 시간이 무한정 있는 것이 아니기 때문이다. 세상은 빛의 속도로 변화하고 있는데 내가 모든 것을 다 처리하다가는 뒤처질 수 밖에 없다는 사실을 머리보다 몸이 먼저 인지한다. 자신에게 중요하지 않은 정보는 외부로 위임하는 현상은 더욱 가속화될 것이다.

이러한 변화의 요인도 중요하지만, 뉴스레터가 중요한 이유는 고객과 직접적으로 소통할 수 있는 수단이기 때문이다. **소셜미디어 채널의 주인은 우리가 아니다.** 플랫폼의 주인은 따로 있다. 하지만 뉴스레터는 내가 하기에 따라 고객들의 반응이 달라진다. 그렇기 때문에 더 많은 고민과 애정, 노력이 필요하다.

이메일 뉴스레터의 가장 좋은 점 중 하나는 우선순위가 없다는 것이다. 친하다고 해서, 중요한 거래처라고해서, 이메일 윗부분에 올라와 있지 않다. 이메일을 수신하는 순서대로 최근에 받은 것부터 순차적으로 쌓여 있다. 그렇기 때문에 기회 요인이 있다. 어떻게 보면 가장 평등한 채널 중에 하나다.

뉴스레터를 발행하기 위해서는 사전에 몇 가지 준비해야 할 것들이 있다.

"고객을 위한 맞춤형 큐레이션 뉴스레터를 운영하자!!"

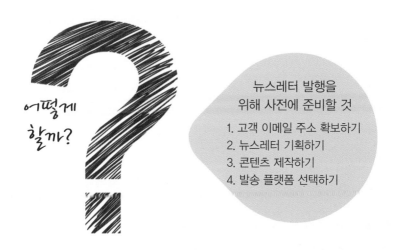

뉴스레터 발행을
위해 사전에 준비할 것

1. 고객 이메일 주소 확보하기
2. 뉴스레터 기획하기
3. 콘텐츠 제작하기
4. 발송 플랫폼 선택하기

뉴스레터 구독자 모집하고 기획하기

고객 이메일 주소를 확보하기 위해서는 페이스북 개인 계정, 페이지를 통하여 뉴스레터 콘텐츠에 관한 내용을 홍보하고 구독자를 모집하는 방법이 있다. 이 방법은 나를 잘 알고 있는 페이스북 친구나 팬들이 주 대상이 된다.

더 공격적으로 모집하고 싶으면 페이스북 페이지 광고를 통하여 진행하는 방법도 있다. 오프라인에서 명함을 주고받은 사람, 기존의 고객들도 뉴스레터 구독자에 포함한다.

처음부터 구독자가 많다고 좋은 것은 아니다. 처음에는 양보다 질이다. 다소 실수를 해도 콘텐츠 질이 약간 떨어져도 꾸준하게 구독해 줄 사람들이 필요하다. 처음 발송하는 뉴스레터가 완벽할 수 없다. 최소 10회 이상은 발송해 보아야 내부적으로 안정감이 생길 것이다.

뉴스레터 기획 단계에서 다음과 같은 것들을 생각해 보아야 한다.

뉴스레터로 얻고자 하는 것이 무엇인가? 예를 들면, 업계 최신 정보를 전달하여 고객들로부터 해당 분야의 자문 및 컨설팅 계약을 유도하는 것인지, 아니면 판매율을 높이기 위하여 특정한 상품에 대한 할인 쿠폰을 전달할 것인지 등 발송 목적을 생각해야 한다. 양질의 뉴스레터를 만드는 것은 시간이 많이 소요되기 때문이다.

그다음에는 콘텐츠 유형이다. 콘텐츠 유형 역시 목적에 따라서 달라지지만 가장 많이 사용하는 유형은 관련 업계 뉴스를 모아서 제공하는 뉴스 클립핑과 특정한 이슈에 대한 해석이 더해진 칼럼이다. 뉴스 클립핑이나 칼럼은 우리 회사만의 시각에서 콘텐츠 큐레이션하는 것이 중요하다. 그렇지 않으면 다른 회사가 보낸 뉴스레터와 비교하여 차별화된 요소가 없을 수 있다. 콘텐츠 유형에 맞는 레이아웃 역시 중요하다. 1단으로 할지 2단으로 할지에 따라 들어가는 콘텐츠의 양과 이미지가 달라진다.

최초로 뉴스레터를 발송할 때 혹은 2~3회 발송 후 발송 주기를 정해야 한다. 발송 주기는 역량에 맞게 정하면 된다. 그러나 과욕은 절대 금물이다. 내부적으로 준비가 되지 않은 상태에서 주간 또는 격주간 발송을 선택하면 담당자가 지쳐서 포기하게 될 수도 있다.

뉴스레터를 기획할 때 체크 포인트

뉴스레터 목적은 무엇인가?

동종업체 대비 차별화된 우리만의 뉴스레터 강점은 무엇인가?

주로 어떤 유형의 콘텐츠를 발행할 것인가?
→ 정보성, 노하우, 유머, 인터뷰, 이벤트, 사용자 참여, 기타

콘텐츠 소스는 주로 어떤 채널을 활용할 것인가?
→ 웹 사이트, 블로그, 인스타그램, 유튜브 등

뉴스레터 발송 주기는 어떻게 할 것인가?
→ 주간, 격주간, 월간, 분기별, 이벤트가 발생할 때, 기타

뉴스레터 제목은 어떻게 만들 것인가?

뉴스레터 레이아웃은 어떻게 구성할 것인가?

꾸준히 만들기

뉴스레터 콘텐츠 제작 단계에서 고민을 해야할 점은 '꾸준하게 약속된 날짜에 발송할 수 있는가?'이다. 뉴스레터가 좋다는 점은 누구나 알고 있지만 실행에 옮기지 못한 이유 중에 하나가 꾸준함 때문이다. 뉴스레터는 생각 외로 시간을 많이 잡아먹는다. 콘텐츠 구성 역시 소셜미디어보다 더 어려우면 어렵지, 쉽지 않다. 효과도 즉각적으로 나타나지 않는다. 그럼에도 불구하고 꾸준하게 발송하다 보면 기업 매출의 효자 채널이 된다.

이 '꾸준함'을 만들기 위하여 내부적인 콘텐츠 작업할 때 항상 뉴스레터를 염두에 두고 작업을 해야 한다. 처음부터 너무 많은 카테고리를 정하거나 너무 많은 양의 정보를 뉴스레터에 담는 것도 피해야 한다. 어느 정도 익숙해질 때까지 기다려야 한다. 초기 3회 정도는 미리 콘텐츠 기획을 끝내고 시작하는 것이 마음에 부담을 덜어 준다. 정성을 다하여 만든 뉴스레터를 고객들이 읽지 않으면 의미가 없다. 고객들이 읽기 위해서는 먼저 메일함에서 제목을 보고 클릭을 하게 해야 한다. 클릭을 유도하지 않는 제목은 죄악이다. 클릭을 유도하는 제목을 만들기 위해서 매일 고민해야 한다.

뉴스레터 발송 대행 플랫폼으로 해외 서비스로는 메일 침프가 있고 국내 서비스로는 스티비가 있다. 이외에도 다양한 이메일 발송 대행 서비스가 있다.

뉴스레터는 발송했다고 끝나는 것이 아니다. 이제부터 시작이다. 대다수 발송 대행 플랫폼들은 이메일을 발송한 다음 발송율, 오픈율, 클릭율 등을 보여 준다. 이러한 통계 지표들을 가지고 분석하고 다음 발송할 때 문제점을 보완해야 한다. 문제가 있는데도 변하지 않으면 되돌아오는 것은 아무것도 없다. 내가 변하지 않으면 세상은 변하지 않는다.

뉴스레터 운영 시 유의사항

 '꾸준함'을 만들기 위하여 내부적인 콘텐츠를 작업할 때
항상 뉴스레터를 염두에 두고 작업하기

 고객에게 안부 인사한다는 생각으로 편하게 만들기,
처음부터 너무 전문적인 정보를 제공하려면 생각보다
심리적인 압박을 많이 받음

 처음부터 너무 많은 양의 정보를 뉴스레터에 담지 말기
– 초기에는 한 가지 콘텐츠에서 시작해서 확장하기

 초기 3~5회 정도의 뉴스레터 미리 콘텐츠 기획하고 만들기

 뉴스레터 콘텐츠 제작을 위한 노트를 만들고
아이디어가 떠오를 때마다 기록하기

 내가 재미있어야 한다.
내가 먼저 재미를 붙일 만한 주제로 시작하기

04

마케팅 엔진(플랫폼)
가동하기

당신의 비즈니스를 움직이는 핵심 동력인 마케팅 엔진은 잘 작동하는가? 마케팅 엔진을 움직이기 위한 연료는 무엇인가? 마케팅 엔진이 제대로 작동하지 않는다면 당신이 아무리 열심히 일해도 일한 만큼의 결과가 돌아오지 않는다. 지금부터라도 사업의 규모에 적합한 마케팅 엔진을 만들고 가동해야 한다. 마케팅 엔진에 필요한 연료는 일반적인 연료처럼 돈을 주고 구입할 수 있다. 구입한 만큼의 효율이 나온다면 이보다 더 좋을 수 없겠지만 돈을 투입해서 대행사를 활용해도, 담당 직원을 채용해도 좀처럼 내 마음대로 움직여 주지 않는다.

마케팅 엔진 가동이 어려운 이유는 연료 자체가 눈에 보이지 않는 요소와 보이는 요소로 결합되어 있기 때문이다. 눈에 보이는 요소는 콘텐츠, 소셜미디어, 웹 사이트, 뉴스레터 등이며, 눈에 보이지 않는 요소는 기업 정체성과 고객이다. **눈에 보이지 않는 요소가 명확하지 않다면, 나머지 요소가 열심히 일을 해서 에너지원을 만들어도 좀처럼 탄력이 붙지 않는다.**

마케팅 엔진을 만들고 가동하기 위해서는 '나만의 것'이 있어야 한다. 나만의 것이란 나다움이다. 나다움은 가공되지 않은 날 것이 될 수도 있다. 이 날 것의 원형이 없으면 아무리 많은 에너지원을 집어 넣어도 작동하지 않거나 오래가지 못한다. '나다움'을 다시 한번 더 정리하고 싶으면 part 02를 참고하면 된다.

콘텐츠, 소셜미디어, 웹 사이트, 뉴스레터 등 각각 잘 작동한다고 하더라도 합쳐서 시너지를 내려면 전체적인 조화를 만들 수 있는 시스템이 필요하다.

보이는 것
콘텐츠, 소셜미디어,
웹 사이트, 뉴스레터 등

보이지 않는 것
다움(정체성), 고객

연료

"잘 작동하기 위해서는
보이는 것과 보이지 않는 것의
유기적인 결합이 필요하다."

마케팅 엔진

시스템을 만들 때 고려할 것

오케스트라처럼 지휘자 역할을 하는 사람 또는 시스템이 필요하다. 이러한 시스템을 만들기 위해서 다음과 같은 부분을 고민해 보아야 한다.

① 전체를 통합하는 콘셉트가 있는가?
  (예: 웹 사이트, 소셜미디어(블로그, 페이스북 페이지, 인스타그램, 유튜브, 뉴스레터 등)
② 전체 콘텐츠 제작 상황 및 결과물(피드백)을 한눈에 볼 수 있는 시스템이 있는가?
③ 운영상 예기치 못한 상황이 발생했을 때 무엇을 포기할 것인가?
  (예: 담당 직원 퇴사, 1인 기업의 경우 대표의 건강 악화, 사업 영역 확장 등)
④ 각 채널 브랜드 네임이 소비자들에게 혼란을 주지는 않는가?
  (예: 각 소셜미디어 채널별로 상이한 이름이나 혼동을 주는 이름 등)
⑤ 마케팅 엔진이 잘 작동하게 콘텐츠를 기획하고 만들고 운영할 수 있는 전문가가 있는가?

마케팅 엔진이 말로만 엔진이 되지 않게 만들려면 조직 차원에서의 구성원 마인드와 행동의 변화가 요구된다. 소셜미디어 기업이라는 개념이 조직의 DNA에 스며들지 않는 이상 담당자 혼자의 힘으로, 대표 혼자의 힘으로는 요원하다. 마케팅 엔진을 만들기 전에 대표를 시작으로 하여 신입 직원까지 내부적인 학습이나 자체 교육이 필요하다.

판매하는 제품이나 서비스의 품질에 문제가 없다는 전제를 두고 마케팅 엔진 구축을 설명한 것이다. 품질에 문제가 있다는 생각이 들면 지금과 같은 방법으로 마케팅 엔진을 구축하면 안 된다. 구축하는 그 순간 회사가 더 나락으로 빠질 수 있다. 소셜미디어에 당신 회사의 이름 혹은 제품명이 올라오는 순간 바로 악플이 달릴 것이기 때문이다. 상품의 질이 떨어지면 포장을 잘 한다고 하더라도 한계에 부딪친다. 떨이로 판매하고 손을 뗄 생각이 아니면 다시 제품에 집중하면서 마케팅 엔진을 만들어야 한다.

"오케스트라처럼 지휘자 역할을 하는 사람 또는 시스템이 필요하다."

콘텐츠 제작 상황 및 결과물(피드백)을
한눈에 볼 수 있는 시스템이 있는가?

소셜미디어

웹 사이트

인스타그램

유튜브

통합
콘셉트

전체를 통합하는
콘셉트가 있는가?

블로그

뉴스레터

페이스북

각 채널 소셜 계정들
이 소비자들에게 혼
란을 주지는 않는가?
(계정의 통일성)

운영상 예기치 못한 상황이 발생했을 때
무엇을 포기할 것인가?

05

팔로워 늘리기

하루에 콘텐츠 100개를 소셜미디어에 올려도 반응이 없다면 의미가 없다. 마찬가지로 팔로워가 많아도 매출에 도움이 되지 않는다면 시간과 에너지만 낭비하는 것이다. 소셜미디어 마케팅을 시작하면서 조심할 것 중에 하나가 숫자에 현혹되어 무조건적으로 팔로워 늘리기에 나서는 일이다. 숫자가 모든 것을 말하지는 않는다. 팔로워를 늘리기에 앞서 왜 팔로워를 늘려야 하는지 심도 깊은 고민이 필요하다. 왜냐하면 팔로워가 늘어나면 신경 쓸 일도 많아지기 때문이다.

① 목적 정하기
소셜미디어 채널별로 콘텐츠 성격이 다르기 때문에 각 채널별로 구체적인 목적을 정하는 것이 좋다. 채널이 많다면 고객이 많은 채널 또는 파급 효과가 큰 채널부터 시작한다.

② 고객 찾기
목적을 정했으면, 목적에 부합하는 고객을 찾는다(해시 태그와 키워드로 검색).

③ 읽기
시간을 내어 고객이 소셜미디어에 올린 콘텐츠를 살펴보고 다각도로 검토해 보자.

④ 행동하기
먼저 팔로잉하고, '좋아요'를 누르고, 댓글을 달아 고객에게 우리를 인식시키자. 이것은 일회성으로 끝나는 것이 아니라 꾸준하게 이어져야 한다.

⑤ 콘텐츠 업로드하기
팔로워(고객)가 늘어나면 그때부터는 콘텐츠로 승부해야 한다. 꾸준하게 업로드하는 것이 중요하다.

팔로워 늘리기
"지름길은 없다. 천리 길도 한 걸음부터"

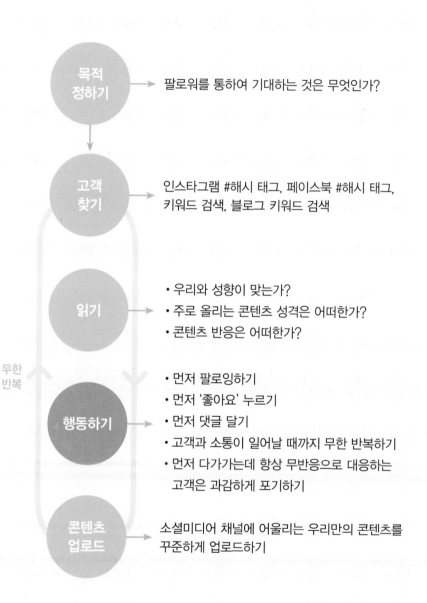

목적 정하기 → 팔로워를 통하여 기대하는 것은 무엇인가?

고객 찾기 → 인스타그램 #해시 태그, 페이스북 #해시 태그, 키워드 검색, 블로그 키워드 검색

읽기 →
- 우리와 성향이 맞는가?
- 주로 올리는 콘텐츠 성격은 어떠한가?
- 콘텐츠 반응은 어떠한가?

행동하기 →
- 먼저 팔로잉하기
- 먼저 '좋아요' 누르기
- 먼저 댓글 달기
- 고객과 소통이 일어날 때까지 무한 반복하기
- 먼저 다가가는데 항상 무반응으로 대응하는 고객은 과감하게 포기하기

콘텐츠 업로드 → 소셜미디어 채널에 어울리는 우리만의 콘텐츠를 꾸준하게 업로드하기

무한 반복

06

팬
확보하기

소셜미디어에서 팔로워를 늘리거나 공유 횟수를 늘리려는 진정한 목적은 바로 팬 (구독자) 확보에 있다. 내가 다가가지 않아도, 먼저 연락하지 않아도 소셜미디어 콘텐츠가 업데이트 되면 확인하고 반응하며 자발적으로 움직이는 고객(팬)을 늘려 야 한다.

고객을 구독자(팬)으로 만드는 것은 그리 쉬운 일이 아니다. 왜냐하면 고객은 매 일 우리를 필요로 하지는 않기 때문이다. 고객을 팬으로 만들기 위해서는 필요하 게 만들거나, 도움이 되는 존재가 되어야 한다. **결국 고객 문제해결형 미디어 기업으 로 내부 시스템이 변해야 한다.** 그렇게 하기 위해서 몇 가지 사항을 검토해야 한다.

① **지속 가능성:** 양질의 콘텐츠를 꾸준하게 소셜미디어를 통하여 고객들에게 제공 할 수 있는가?
② **전환 가능성:** 소셜미디어를 통하여 만난 고객들과 지속적인 교류를 하기 위한 방 법이 있는가?
   (예: 뉴스레터 구독, 오프라인 인쇄물, 세미나 등)
③ **확장 가능성:** 소셜미디어를 통하여 만난 고객들의 참여율을 어디까지 확장할 수 있을까?
   (예: 서포터즈, 에반젤리스트, 체험단, 모니터링 등)

이러한 가능성 검토를 기반으로 하여 우리가 원하는 구독자(팬)을 늘려가야 한다. 팬을 늘리기 위한 몇 가지 방법은 다음과 같다.

팬(고객) 확보를 위한 실행 팁

방법	내용
무료 정보를 제공 후 이메일 확보하기	페이스북에서 특정한 분야의 구체적인 정보를 간략하게 제공하고 전체 정보는 이메일을 입력한 사람들에게만 제공한다.
설문 조사를 기반으로 한 관계 확장	특정한 분야와 관련된 설문조사를 만들고 이를 통하여 정보를 습득(이메일, 전화번호)한다.
체험단 모집	체험단 모집은 크게 두 가지 방향으로 진행하는 것이 좋다. 소셜미디어에서 내외적인 홍보를 통한 모집과 우리가 운영하는 소셜미디어에 적극적으로 반응을 하는 고객에서 모집하면 두 마리 토끼(홍보와 고객만족)를 다 잡는 법이다.
아이디어 모집	기업에서는 어려운 문제를 해결하기 위해 소셜미디어 참여자들의 아이디어 모집을 하는 경우 고객들의 반응이 괜찮다. 단 아이디어를 모집하는 콘텐츠가 독특해야 한다.
콘텐츠 제작 요청	우리가 올린 콘텐츠에 반응도가 높은 고객 중에서 소셜미디어 콘텐츠를 감각적으로 잘 만드는 고객을 선택하여 콘텐츠 제작을 요청한다.

07

'좋아요' 수가 늘어 나는
해시 태그 만들기

해시 태그도 하나의 전략이다. 해시 태그는 크게 콘텐츠 내용에 대한 부연 설명을 하는 방법과 특정한 프로모션이나 이벤트를 하는 방식으로 구분할 수 있다. 해시 태그를 활발하게 사용하는 소셜미디어는 인스타그램이다.

양질의 콘텐츠를 올렸다면 해시 태그가 작동한다. 콘텐츠가 가치가 없으면 아무리 많은 해시 태그를 올렸다고 하더라도 사용자들의 반응을 이끌어 낼 수 없다. 인스타그램에서 발표한 2018년도 가장 인기 있는 카테고리인 패션, 음식, 육아, 여행, 애완동물, 케이팝 등 총 6개 분야에서 케이팝을 제외하고 각각 5개씩 선정된 인기 해시 태그는 다음 페이지와 같다.

인기 해시 태그를 추가했다고 해서 '좋아요'가 바로 늘어나지는 않는다. 하지만 해시 태그 검색에서 노출될 확률이 있다. 그렇기 때문에 사람들이 자주 사용하는 기본적인 해시 태그가 무엇인지 먼저 살펴보아야 한다. 대다수 인스타그램 유저들은 자신의 사진(동영상)에 관련된 키워드 중심으로 해시 태그를 올린다. 예를 들어, 옷 입은 사진을 올렸다면 #ootd #dailylook #데일리룩 #데일리룩코디 #데일리룩그램 #데일리룩추천 #여자데일리룩 #남자데일리룩 등의 해시 태그가 사용된다.

항상 해시 태그를 살펴보아야 한다. 해시 태그도 하나의 유행이기 때문에 관심을 가지고 자주 살펴보지 않으면 금방 뒤처지게 된다.

카테고리별 인기 해시 태그 탑 5

분야	순위	해시 태그
패션	1	#ootd(오늘의 패션)
	2	#dailylook(그날의 스타일을 공유하는 데일리룩)
	3	#fashion
	4	#옷스타그램
	5	#패션스타그램
음식	1	#먹스타그램
	2	#맛스타그램
	3	#맛집
	4	#먹방
	5	#FOOD
육아	1	#육아스타그램
	2	#육아
	3	#육아소통
	4	#육아맘
	5	#맘스타그램
여행	1	#여행
	2	#여행스타그램
	3	#제주여행, #제주도여행
	4	#가족여행
	5	#여행에미치다
애완동물	1	#멍스타그램
	2	#반려견
	3	#강아지
	4	#고양이
	5	#냥스타그램

감성지향적으로 해시 태그를 만들고 싶으면 감성지향적인 해시 태그를 검색해 보면 된다. 예를 들어 '#감성폭발'이라는 해시 태그로 검색을 해 보면 #좋은글귀 #카페그램 #인스타갬성 #우중한날 #감성폭발 #감사한마음 #부끄러운마음 #생각이많은밤 #노을 #구름 등 다양한 형태의 해시 태그를 볼 수 있다.

해시 태그가 마음에 들어서 '좋아요'를 누르지는 않는다. 하지만 해시 태그가 어떻게 구성되었는지에 따라 해시 태그 검색 노출 빈도가 사용자 반응을 유도할 수는 있다.

해시 태그가 목적지향적인지, 감성지향적인지, 정보지향적인지 선택하고 게시물을 작성하면 해시 태그 선택에 대한 고민을 줄일 수 있다. 시간날 때마다 인스타그램 해시 태그 검색을 통하여 사용할 해시 태그를 찾고 스마트폰 메모장에 복사를 한 다음 필요할 때마다 복사해서 사용하면 된다.

소셜미디어는 관심을 가지고 있는 만큼 보인다. 하루 종일 인스타그램을 살펴보고 사진을 올리고 테스트를 하면서 마케팅력을 키우는 사람과 하루에 한 번 또는 이틀에 한 번씩 들어와서 사진 한 장 올리는 사람은 시간이 갈수록 격차가 벌어질 수 밖에 없다.

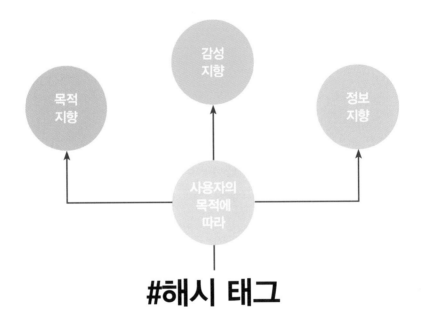

08

검색에 유리한 키워드 선정하기

검색에 유리한 키워드는 없다. 왜냐하면 특정한 키워드로 검색하면 내가 올린 콘텐츠뿐만 아니라 경쟁자의 콘텐츠도 같이 나오기 때문이다.

그럼에도 불구하고 검색에 유리한 키워드를 선정하는 것은 대단히 중요하다. **검색에 유리한 키워드란 결국 특정한 키워드를 통하여 고객이 나를 발견하게 만들고 나를 발견한 고객이 나에게 흥미를 갖고 내가 만든 제품(서비스)을 구입하게 만드는 일련의 활동이다.**

즉 검색에 유리한 키워드란 큰 카테고리 키워드가 아닌 세밀한 영역의 키워드를 이야기하는 것이다. 예를 들면 '맞춤 운동화'라는 키워드보다 '여성용 맞춤 운동화'가, '여성용 맞춤 운동화'보다는 '짝발인 여성을 위한 맞춤 운동화'가 더 세밀한 영역의 키워드이다. 키워드가 세밀할수록 고객이 문제를 해결하고자 하는 찾아본 정보량과 의지가 높다고 말할 수 있다. 이러한 고객일수록 구매로 이어질 확률이 높다.

검색에 유리한 키워드(고밀도 키워드)를 만들기 위하여 평상시 다음과 같은 것을 생각해 보면 좋다.

① 우리의 고객은 문제에 직면하면 어떠한 키워드로 검색을 하는가?
② 우리의 고객은 본인들의 문제 해결과 관련하여 주로 어떤 정보를 보고 습득하는가(책, 잡지, 세미나, 언론 매체 등)?
③ 우리의 고객은 주로 어떠한 콘텐츠에 반응하는가(좋아요, 댓글, 공유하기)?
  그 이유가 무엇이라고 생각하는가?
  주로 어떠한 스타일의 댓글을 많이 다는가?

우리만의 강점이 있는 고밀도 키워드
검색에 유리한 키워드

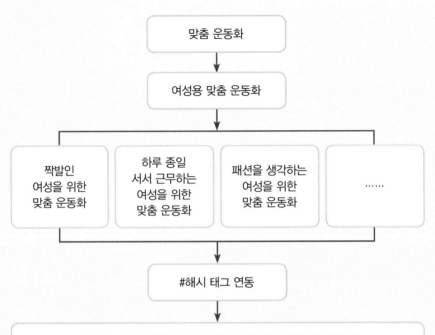

```
맞춤 운동화
        │
        ▼
여성용 맞춤 운동화
```

| 짝발인
여성을 위한
맞춤 운동화 | 하루 종일
서서 근무하는
여성을 위한
맞춤 운동화 | 패션을 생각하는
여성을 위한
맞춤 운동화 | ...... |

```
#해시 태그 연동
```

**고밀도 키워드(검색에 유리한 키워드)를 만들기 위하여
평상시에 다음과 같이 활동해보자**

- 우리의 고객들은 문제에 직면하게 되면 어떠한 키워드로 검색을 하는가?
- 평상시 우리의 고객들은 본인들의 문제 해결과 관련하여 주로 어떤 정보를 보고 습득하는가? (책, 잡지, 세미나, 언론매체 등)
- 우리의 고객들은 주로 어떠한 콘텐츠에 반응하는가? (좋아요, 댓글, 공유하기)
- 그 이유가 무엇이라고 생각하는가?
- 주로 어떠한 스타일의 댓글을 많이 다는가?
- 네이버 검색광고시스템(회원가입 후)에서 '키워드 도구'를 통하여 내가 선택한 키워드의 '연관키워드'를 살펴보기
- 구글 키워드플래너(회원가입 후)에서 '키워드 아이디어'를 통하여 관련 키워드를 살펴보기

콘텐츠
공유 늘리기

'개가 사람을 물면 신문에 나오지 않지만, 사람이 개를 물면 신문에 나온다'라는 오래된 이야기가 있다. 이 말은 소셜미디어 시대에도 통용된다. 하루에 올라오는 인스타그램 피드 수는 약 50억 개(2018년 9월 기준)이며, 페이스북에서 하루에 소비되는 콘텐츠는 1억 5천만 개이다. 수많은 콘텐츠들과의 경쟁에서 돋보여야 하고, 고객들이 자발적으로 공유를 해 주어야 우리의 존재감이 서서히 드러나기 시작한다. 실은 낙타가 바늘 구멍을 통과하는 것보다 어려운 일일 수도 있다.

공유되는 콘텐츠 중에서 대표적인 형태가 '공감형' 콘텐츠이다. '공감형' 콘텐츠를 만들기 위해서 누가 내 콘텐츠를 보고 있는지 알아야 한다. 콘텐츠를 보고 있는 사람들이 공감해 주지 않으면 공유는 남의 일이다. 물론 콘텐츠 공유 이벤트를 통하여 콘텐츠를 확산할 수 있지만 부차적인 문제다. 왜냐하면 비용만 있으면 누구나 언제든지 할 수 있기 때문이다.

공감형 콘텐츠를 만드는 방법은 크게 두 가지가 있다.
① 고객이 되어 문제 상황에 직면해보기
② 고객이 내 입장을 이해할 수 있게, 남과 조금 다르게, 꾸준하고 지속 가능한 콘텐츠 생산하기

이 중에서 ②번의 성공 확률은 ①번의 10%도 안 될 수 있다. 그러나 불가능한 것은 아니다. 충주 시청 페이스북(https://www.facebook.com/goodchungju)에서 성공 사례를 확인할 수 있다.

충주시 페이스북 포스터

충주벚꽃축제

자, 지금부터 확인 들어가겠습니다잉

쿵작작~ 쿵작작~

벚꽃이네?
벚꽃이야?

※ 예정일보다 일찍 필 수 있음
항의는 관광과
043-850-6723

🌀충주시

미세먼지 심각 인정?

노인정

충주시 모든 경로당
공기청정기 설치
541곳 1114대

노인장애인과
043-850-6830

🌀충주시

충주 Apple bread

Apple bread 라는 것.

가품 있는 모양과 호르듯 떨어지는 곡선은 과연 어느 한 곳 멈춤이 없습니다. 그에 새겨진 충주라는 이름은 과연 그 이름에 걸맞게 가운데 솟아 있습니다. 충주 Apple 이라는 것 bread라는 것 그것만으로 우리의 심장을 벌리게 합니다.

차이를 더하다.

충주 Apple bread는 아무 곳에서나 구하기 어렵습니다. 희소성은 우리가 추구하는 여러 Value 중 하나입니다. 아무나 가질 수 있다면 그건 충주 Apple bread가 아닙니다.

이 모든 것이 단돈 $2.66.

9개의 1Box로 구성된 이 상품은 저렴한 가격으로 당신을 유혹합니다. 우리의 철학은 소비자에게 최상의 경험을 제공하는 것입니다. 경험 그 이상의 경험. 충주 Apple bread.

충주 Apple bread store : 충주휴게소, 주암휴게소, 수안보상록휴게, 수안보서울시공무원연수원, 수안보휴게소.

구매문의 농촌활력팀
043-850-6512

🌀충주시

수소차

음메~

충주시는 수소차 산업을 적극 지원합니다

🌀충주시

충주시 페이스북 홍보 포스터는 디자인 비전공자가 파워포인트로 만든 저 퀄리티로 '대박'을 치고 있다.

처음부터 충주 시청 페이스북 페이지 콘셉트가 '포토샵이 아닌 파워포인트로 B급 콘텐츠를 만들어서 우리 시청의 페이스북 페이지를 홍보하자'는 아니었을 것이다. **주어진 상황에 최선을 다하는 담당자와 이를 믿고 밀어 준 상사 및 동료들이 있었기에 가능하다고 본다.**

콘텐츠 공유를 위하여 현실적으로 사용할 수 있는 방법 몇 가지를 소개하자면 다음과 같다.

방법	예시
직접 요청하기	"제가 열심히 만든 콘텐츠입니다. 공유 부탁드립니다."
친구 태그 요청하기	"우리가 만든 콘텐츠가 도움이 될 만한 친구들을 태그해 주세요."
의미 있는 선물 이벤트	"특별한 장소, 특별한 시간이 아니면 구입할 수 없는 선물을 콘텐츠를 공유한 사람에게 증정합니다."
가치 있는 일(기관)에 기부하기	"이 콘텐츠가 공유될 때마다 건당 백 원씩 OOO 기관에 기부를 합니다. 본 취지에 공감하시는 분들의 많은 참여 부탁드립니다."

이러한 방법은 예시일 뿐이며 우리에게 맞는 적합한 방법을 꾸준하게 찾고 이를 시스템으로 만들어야 한다. 기부를 한다면, 내가 올린 콘텐츠와 기부처와 상관관계가 어느 정도 있어야 하며 기부 완료 후 입금 영수증 포스팅을 통하여 고객들에게 또 한번 환기를 하는 것이 좋다.

10

시스템 없이
상품 할인해서 팔기

특별한 날, 특별한 시간 혹은 재미있는 이벤트가 생각났을 때 또는 내가 운영하는 소셜미디어 채널 성과를 측정하고 싶을 경우 별다른 기술이나 시스템 없이 간단하게 성과를 측정할 수 있는 방법이 있다.

내가 스스로 할인 쿠폰을 만들어 운영 채널에 배포해 보는 것이다. 할인 쿠폰을 만들 때 파워포인트, 캔바, 포토스케이프 등의 프로그램을 활용하면 좋다. 기본적으로 들어갈 내용은 다음과 같다.

① 제목
② 서브 타이틀
③ 상품
④ 연락처/주소/사이트
⑤ 쿠폰 번호/쿠폰 유효기간

우리는 시스템으로 쿠폰을 만드는 것이 아니기 때문에 소셜미디어 채널에 대한 식별만 있으면 된다. 예를 들면 페이스북의 경우 FB20190401-1, 네이버 밴드의 경우 BA20190401-1로 채널을 식별하면 된다. - 다음에 나오는 숫자를 통해 세부 채널을 구분하면 좋다. 페이스북의 경우 다양한 형태의 그룹이 있고 친구들이 있다. 네이버 밴드 역시 마찬가지이다. 이러한 세부 채널을 구분하기 위한 구분자의 역할을 해 주는 것이 - 다음 숫자이다.

디자인은 구글 이미지 검색에서 '할인쿠폰'을 검색해서 차용할 수 있다.

즉석 소셜미디어 할인 쿠폰을 만들어보자

타깃 고객에 맞게

제목: 상큼상큼한 딸기 80% 할인
서브 타이틀: 당신의 피부에 비타민을 듬뿍 제공하는

상품:

연락처: 010-0000-0000
쿠폰 번호: FB20190401-1
쿠폰 유효기간: 2019/04/01~03

채널별로 쿠폰 번호 다르게 만들기   상품 특징이 부각

사이트 주소/매장 주소

PART 06

성장

브랜드되기

01

고객 회사로
다시 태어나기

고객 회사는 기업 경영 활동 전반에 걸쳐 고객들의 참여를 이끌어 내는 회사로, 새롭게 제품을 런칭하게 되면 제품명, 패키지 디자인, 마케팅 방법 고안에 고객들을 참여하게 하여 축제로 만든다. 고객 참여를 이끌어 내는 대표적인 회사로 스타벅스가 있다.

우리가 스타벅스에서 무료 와이파이를 사용하거나, 사이렌 오더로 모바일 주문을 하거나, 캐모마일 애플 티를 마실 수 있는 배경에는 스타벅스 본사 정책이 아니라 '마이 스타벅스 리뷰'라는 고객 대상 모바일 설문 조사를 통하여 고객들의 의견을 받고 시행한 결과에 있다. **이러한 고객 의견 청취는 결국 기업의 브랜드 강화와 매출로 이어진다.**

고객 회사를 만들기 위해서는 회사의 시스템이 개방적으로 변해야 한다. 고객들의 의견을 들을 수 있는 창구를 먼저 개설하자. 창구 채널로는 페이스북 페이지, 전용 설문 조사, 고객 소리함 등을 만들어서 운영할 수 있다. 전용 설문 조사, 고객 소리함은 구글 설문지 또는 네이버 폼을 이용해서 무료로 만들 수 있다.

무조건 고객 창구 채널부터 개설하고 오픈하면 안 된다. 준비가 되어 있어야 한다. 담당 부서 또는 담당자를 누구로 할지, 문의 사항이 접수되면 안에서 어떤 프로세스를 통하여 결정되는지 정해야 한다. 또한 고객 창구 채널과 관련된 운영을 어떻게 할지도 고민해야 한다. 채널이 하나 늘어나는 것은 그만큼 기업의 인적 부담이 늘어난다는 것이다. 우리는 스타벅스와 같은 대기업이 아니다. 그들의 좋은 점은 취하되 우리에게 맞게 변형해야 한다.

기업 경영 활동 전반에 걸쳐
고객들의 참여를 이끌어 내는 회사
고객 회사를 만들기 위해서는
회사 시스템 개방화
기업 내부에 준비 정도 고려

스토리 회사(미디어 회사)로 거듭나기

이야기가 없는 회사는 없다. 단지 정리가 되어 있지 않을 뿐이다. 어쩌면 정리할 필요성을 느끼지 못했을 것이다. 기업 내부의 일을 외부에 직접적으로 소통하는 것이 익숙하지 않기 때문이다. 우리는 미디어 기업이 아니기 때문에 고객과의 소통에 신경 쓰지 않아도 되었다. 이와 관련된 시스템도, 내부 프로세스도 존재하지 않았다. 우리의 일은 고객이 원하는 제품과 서비스를 잘 만들고 잘 팔면 되었다. 하지만 소셜미디어가 이 모든 환경을 변화시켰다.

스토리 회사가 되어야 하는 이유는 간단하다. **고객들이 이야기가 있는 제품을 좋아하기 때문이다.** 이 제품이 왜 개발되었는지, 왜 이러한 제품을 유통하는지, 디자인은 왜 이렇게 했는지, 패키지 디자인은 누가 했는지, 무슨 생각으로 했는지 등 시시콜콜한 이야기를 좋아한다. 고객들은 생각하지 못한 사용 방법에도 열광한다. **이러한 이야기에 진정성이 묻어나고 기업의 철학과 연결되면서 강력한 스토리가 만들어진다.**

스토리 회사가 되는 방법 역시 간단하다. 프로그램 디렉터(Program Director)가 되면 된다. 내가 하는 일을 방송 프로그램으로 만들어서 내보낸다고 생각하자. 관점을 바꾸면 어떤 일들을 고객들이 관심 있어 하고 좋아할지 생각하게 된다. 그리고 일의 궤적을 처음부터 끝날 때까지 카메라의 시점으로 혹은 제3자의 시점으로 보고 디지털 데이터로 기록하면 된다. 처음부터 잘 안되겠지만 꾸준하게 실행을 하게 되면 자연스럽게 습관화된다. 이러한 스토리를 클라우드 서비스를 통하여 내부에 공유하고 이 중에서 필요한 부분을 발췌한 다음 메시지를 입혀 소셜미디어로 유통하면 된다.

스토리 회사가 되기 위해서는 직원들의 적극적인 참여와 동의가 있어야 한다. 기업에 입사해서 일을 하는 이유가 업무를 하기 위해서이지 스토리를 만들기 위해서가 아니기 때문이다. 결국 어떻게 직원들에게 동기를 부여할 것인가가 관건이 된다.

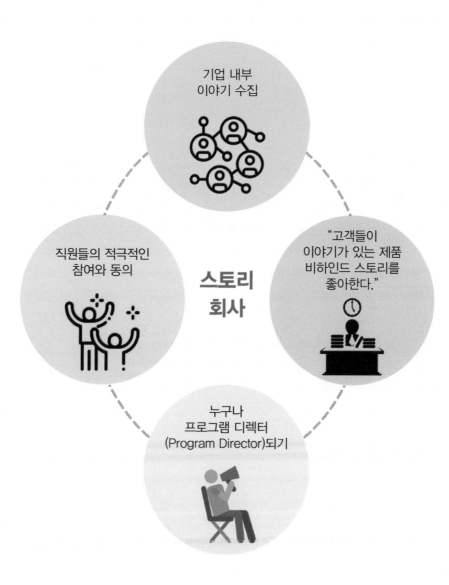

03

캠페인
회사되기

캠페인(Campaign)은 사회적 · 정치적 목적을 위하여 조직적 · 계속적으로 어떤 주의 · 주장을 알리고 따르게 하는 운동으로, **브랜드가 된다는 것은 특정한 영역에 집중한다는 것이다.** 특정한 영역에 집중하기 위해서는 이와 관련된 메시지를 지속적으로 내보내야 한다. 이를 위하여 캠페인에 힘을 실어 줄 캐치프레이즈가 필요하다. 예를 들면 나이키의 'JUST DO IT', 디비어스(De Beers)의 'A Diamond is Forever'(다이아몬드는 영원히), 애플의 'Think Different'(다르게 생각하라), 유한킴벌리의 '우리 강산 푸르게 푸르게' 등이 있다.

캠페인 회사가 된다는 것은 우리가 옳다고 믿는 신념을 세상 사람들에게 전파하고, 업계를 선도할 자가 된다는 것을 의미한다. 욕을 먹을 각오로 시작해야 한다. 밝음이 있으면 어두움도 있기 때문이다. 이때부터 본격적으로 우리를 좋아하는 사람들도 생기고 싫어하는 사람도 생긴다.

나이키는 'JUST DO IT' 30주년 광고에 인종 차별에 항의하다 실직한 주인공을 메인 모델로 기용해서 파격적인 광고를 집행했다. 이 하나의 광고가 미국을 둘로 나누었다는 이야기가 있다. 지속적인 캠페인 메시지의 힘은 강하다.

캠페인 회사가 되기 위해서는 근본적인 질문들을 물고 늘어져야 한다. 조직 내부에서 치열한 고민과 토론, 내부적인 합의를 통하여 신념이 나와야 하고 조직원들의 가슴을 뛰게 만들어야 한다. 그래야 캠페인이 탄력을 받고 소셜미디어를 통하여 세상에 전파된다. 우리 회사 캠페인의 첫 번째 에반젤리스트(Evangelist)는 내부 직원이 되어야 한다.

캠페인 회사가 된다는 것은
우리가 옳다고 믿는 신념을
세상 사람들에게 전파하고,
업계를 선도해 나갈
선도자가 되는 것

우리가 풀어야 할
문제가 무엇인가?
우리의 메시지를
소비하는 사람들은 누구인가?
왜 우리가 이러한 캠페인을
해야 하는가?
근본적인 질문들을
물고 늘어져야 한다.

나이키 광고 _ 모든 걸 희생해야 하더라도 신념을 가져라.

04

브랜드
회사되기

브랜드 회사가 된다는 것은 우리만의 정의를 만드는 것이다. 우리만의 정의를 만든다는 것은 아무도 가 보지 않은 길을 가 본다는 이야기이다. 그렇기에 어떠한 위험이나 어려움이 존재하는지 모른다. 하지만 그 길의 끝에는 우리를 위한 브랜드라는 이름이 기다리고 있다. 우리만의 정의가 하나의 단어, 하나의 문장으로 만들어지고 조직 내부에 스며들며, **자연스럽게 행동으로 표현되어야 한다. 이러한 행동이 소비자에게 영향을 미치고 소비자의 삶을 바꾸는 순간 브랜드 회사가 탄생한다.**

브랜드는 이름(명사)이나 꾸며 주는 것(형용사)이 아닌 움직임을 유발하는 동사가 되어야 한다. 움직임이 없는, 움직임이 줄 수 없는 것은 브랜드가 아니다. 브랜드는 사람들에게 영감을 주는 대상이 되어야 한다. 로고도 상표도 패키지도 아니며, 소비자가 감각적으로 느끼는 모든 것, 눈에 보이지 않고 수면 아래서 움직이게 하는 실체의 총합이라고 볼 수 있다.

누군가를 떠올리며 기분 좋은 미소를 지을 때, 우리는 그 사람의 말하는 스타일이나, 패션, 행동 등 단편적인 모습이 아닌 모든 것이 어우러진 이미지를 머릿속에 그린다.

- 고객들이 생각하는 우리 회사의 이미지는 어떤 모습인가?
- 직원들이 생각하는 우리 회사의 이미지는 어떠한가?
- 우리가 외치는 것과 같은 모습을 떠올리는가?
- 아니면 정반대의 이미지를 떠올리는가?

브랜드는 우리가 아닌 우리를 둘러싼 다양한 이해관계자들이 만드는 것이다. 당신의 브랜드는 누가 만들어 가고 있는가?

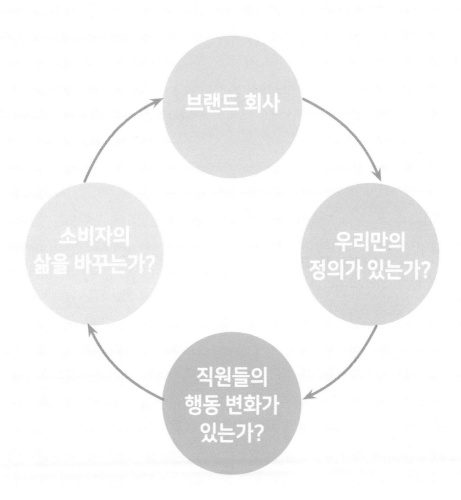

PART 07

시스템화

클라우드로
협업 시스템
만들기

구글 드라이브
활용하기

구글 드라이브는 데이터 파일의 저장소이자 협업 공간이다. 지메일 사용자는 5기가 의 무료 저장 공간을 사용할 수 있다. 인터넷이 연결된 디바이스(노트북, 스마트폰, 스마트패드 등)에서 구글 드라이브에 접속해서 폴더를 만들고, MS 오피스와 호환 이 가능한 문서를 만들 수 있으며, 저장한 자료 중에 일부를 필요한 사람들과 공유 하거나 공동 작업을 할 수 있다.

구글 드라이브를 사용하면 굳이 USB와 외장 하드를 가지고 다닐 필요가 없다. 내가 작업한 파일이 인터넷 공간 안에 있기 때문에 접속해서 필요할 때 사용하면 된 다. 또한 구글 드라이브 서비스를 활용하여 문서 작업을 한다면 굳이 나만의 노트 북이나 컴퓨터가 필요 없다. 인터넷이 가능한 컴퓨터만 있으면 웹 브라우저 환경에 서 문서 작업이 가능하다.

구글 드라이브 장점

구글 드라이브 장점을 정리하자면 다음과 같다.

① 끊김 없이 업무를 할 수 있다. 스마트폰에서 구글 문서 어플로 작성한 문서를 사 무실에 들어와 노트북으로 작업이 가능하다. 가벼운 글쓰기는 스마트폰에서 하 고 수정은 노트북에서 하는 것이다.
② 저장하고 생산하고 공유하는 공간이다. 모든 파일을 저장할 수 있으며 공동 문 서 작업이 가능하다. 드라이브 파일을 별도로 공개하지 않는 이상 비공개 상태 로 보관된다.
③ 스마트폰에서 원하는 자료를 찾아서 이메일로 보낼 수 있다. 원본 파일이 아닌 PDF 형식 파일로 전송이 가능하다.

"모든 데이터는 클라우드에,
작업은 장소와 디바이스에 상관없이 진행"

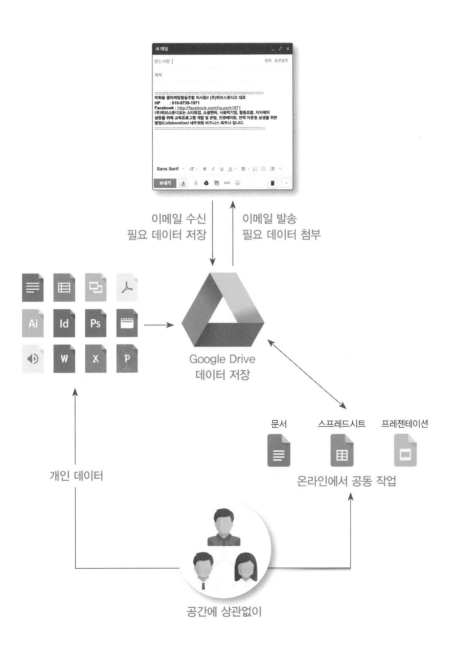

구글 드라이브 메뉴

구글 드라이브 메뉴는 크게 여섯 가지가 있다. 새로 만들기, 내 드라이브, 공유 문서함, 최근 문서함, 중요, 휴지통이다.

① 새로 만들기

    무엇인가 만들기를 원하면 '새로 만들기'라는 메뉴를 이용하면 된다.

    내 컴퓨터에 있는 파일이나 폴더를 통째로 업로드할 수 있다.

    또한 구글 문서, 스프레드시트, 프레젠테이션, 설문지 등을 만들 수 있다.

② 내 드라이브

    작업한 파일 및 폴더들을 보여준다. 내 드라이브에서 폴더에 대한 색상을 변경할 수 있고, 폴더를 이동할 수 있고, 다른 사람들과 공유를 할 수 있고, 폴더의 이름을 변경할 수 있고, 컴퓨터에 폴더를 다운로드할 수도 있다.

③ 공유 문서함

    다른 사람들이 나에게 공유한 문서들을 보여주는 공간이다. 공유는 문서별로도 할 수 있고 폴더를 통째로 할 수도 있다. 협업을 많이 하는 사람들에게 공유 문서함은 핵심이 될 수 있다.

④ 최근 문서함

    말 그대로 최근에 작업한 문서들을 시간 순서대로 보여준다.

⑤ 중요

    별표를 추가한 폴더 및 파일을 모아 놓은 곳이다.

⑥ 휴지통

    삭제한 파일이 들어가는 곳이다.

구글 드라이브 메뉴

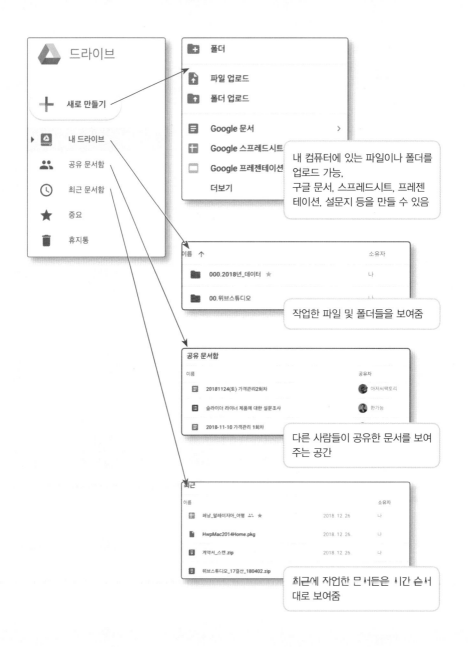

내 컴퓨터에 있는 파일이나 폴더를 업로드 가능.
구글 문서, 스프레드시트, 프레젠테이션, 설문지 등을 만들 수 있음

작업한 파일 및 폴더들을 보여줌

다른 사람들이 공유한 문서를 보여주는 공간

최근에 작업한 문서들은 시간 순서대로 보여줌

구글 문서, 스프레드시트, 프레젠테이션 활용하기

구글 문서 장점

① 저장 버튼이 없음

제목만 작성하고 나면 그 다음부터 자동으로 저장된다. 저장은 더 이상 신경 쓸 필요가 없다. 중간에 저장을 하지 않아서 일어나는 다양한 사고를 경험한 사람들에게 이런 기능이 얼마나 고마운지 모른다. 자동 저장 기능이 있는 이유는 언제든지 네트워크가 단절될 가능성을 가지고 있기 때문이다.

② 문서가 바로 웹 페이지가 됨

별도로 웹 페이지를 디자인하지 않아도 된다. 문서 자체가 웹 페이지가 되기 위해서는 '공유' 기능에서 모든 웹 사용자를 선택하면 된다. 구글의 모든 문서는 독립된 URL 주소를 가지고 있기 때문에 간단한 뉴스레터를 구글 문서로 만들어 이메일로 고객들에게 보낼 수 있다.

③ 문서 번역 기능

한글을 다양한 언어로 번역을 해 준다. 초벌 번역 수준이지만 일본어 같은 경우에는 사용할 만하다.

④ 탐색 기능

특정한 단어를 구글 검색 엔진에서 검색을 해서 바로 결과를 보여주고 필요하면 각주 인용이 가능하다. 이미지 검색 및 삽입도 가능하다.

⑤ 댓글 기능

특정한 문장을 선택해서 그 문장에 대한 자신의 의견을 이야기할 수 있다. 공동 작업에 많이 사용하는 기능이다.

⑥ 버전 기록 보기 기능

문서가 어떻게 업데이트되었는지에 대한 기록을 볼 수도 있고 특정한 날의 버전으로 문서 상태를 되돌릴 수 있다. 문서 히스토리 기능이라고도 할 수 있다.

⑦ 음성 입력

마이크가 있으면 음성으로 입력이 가능하다. 음성으로 입력하면 텍스트로 자동 변환한다. 생각보다 정확도가 높은 음성 인식 비율에 놀라게 될 것이다.

구글 문서 장점

저장 버튼이 없다.
제목만 작성하고 나면 자동으로 저장된다.

문서가 바로 웹 페이지다.
구글의 모든 문서는 독립된 URL 주소를 가지고 있다.

문서 번역이 있어, 한글을 다양한 언어로 번역해 준다.

탐색 기능이 있어, 특정한 단어를 바로 검색해 볼 수 있다.

구글 스프레드시트와 프레젠테이션

구글 스프레드시트와 구글 프레젠테이션의 일반적인 사용법 및 기능은 마이크로소프트의 엑셀, 파워포인트와 유사하기 때문에 MS 오피스를 사용해 본 경험이 있으면 누구나 쉽게 사용이 가능하다.

구글 스프레드시트는 프로젝트 관리, 일정 관리, 재고 관리 등 협업으로 하는 업무에 효과적으로 활용할 수 있다. 예를 들면 소셜미디어 콘텐츠 주제 및 업데이트를 관리할 수 있는 시트를 만들고 체크할 수 있다. 각 콘텐츠 주제에 대한 문서 파일, 프레젠테이션 파일, 폴더 등에 링크를 걸어서 작업 현황을 확인할 수 있다.

업무적으로는 **실시간으로 떨어져 있는 현장의 재고를 파악하고 취합하는 데 효과적이다.** 각 셀마다 제품명과 담당자를 정해 주고 현장에서 재고를 파악하여 입력만 하면 끝이다. 여러 사람들이 동시에 하나의 파일에서 작업하고 저장하기 때문에 따로 데이터를 취합할 필요가 없다. 파일이 공유된 모든 사람이 실시간으로 작업 파일이 업데이트되는 것을 볼 수 있다.

구글 프레젠테이션의 한 가지 특이점이 있다면 동영상이다. 유튜브 동영상과 구글 드라이브에 있는 동영상이 슬라이드에 바로 추가된다. 프레젠테이션을 많이 하는 사람들에게 동영상 파일은 어떻게 보면 애증의 관계이다. 내 컴퓨터가 아닌 다른 사람의 컴퓨터에서 재생할 경우 동영상 재생이 안 될 경우도 있기 때문이다. 구글 프레젠테이션을 사용하면 컴퓨터에서 실행되는 것이 아닌 웹 브라우저에서 재생되기 때문에 컴퓨터 환경에 대하여 크게 신경 쓰지 않아도 된다. 단지 인터넷만 가능하면 된다.

구글 프레젠테이션의 경우 페이지 설정을 픽셀로 할 수 있다. 이 부분의 장점은 카드 뉴스를 만들 때 빛을 발한다. 카드 뉴스는 크게 정사각형, 가로형, 세로형으로 구분할 수 있다. 정사각형으로 보이는 이미지 크기는 $900 \times 900px$이다. 가로형 크기는 $900 \times 600px$이다. 세로형 크기는 $600 \times 900px$이다. 페이스북 슬라이드 광고의 경우 제품 이미지가 들어가게 되면 $1080 \times 1080px$이 적합하다.

구글 스프레드시트는 프로젝트 관리, 일정 관리, 재고 관리, 소셜미디어 콘텐츠 제작 관리 등에 효과적으로 활용할 수 있음

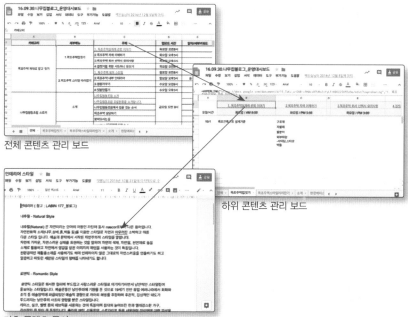

전체 콘텐츠 관리 보드

하위 콘텐츠 관리 보드

기초 콘텐츠 문서

• 구글 프레젠테이션 역시 일반적인 사용법 및 기능은 파워포인트와 비슷
• 한 가지 특이점이 있다면 유튜브 동영상을 바로 슬라이드에 삽입 가능
• 페이지를 설정할 때 픽셀로 설정할 수 있어 카드 뉴스를 만들 때 유리

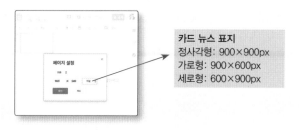

카드 뉴스 표지
정사각형: 900×900px
가로형: 900×600px
세로형: 600×900px

03

구글 드라이브
공유 및 협업하기

구글 드라이브가 빛을 발하기 위해서는 공유 및 협업이 가능한 조직이 되어야 한다. 공유 및 협업이 불가능한 조직에서 구글 드라이브는 아무런 의미가 없다. 개인 컴퓨터에 저장되어 있는 파일로 혼자서 작업하는 것과 큰 차이가 없기 때문이다.

공유 및 협업 업무 폴더를 만들기 위해서 다른 사람들과 어떻게 일을 할 것인지 고민해 보아야 한다. 그렇게 하기 위해서는 내가 하고 있는 일에 대한 파악이 우선시되어야 한다. 내가 하는 일을 파악하기 위해서 쉽게 접근할 수 있는 방법을 소개하자면 다음과 같다.

하루 업무 정리하기
① 아침에 출근해서 하는 일　　② 오후에 하는 일

주중 반복되는 업무 정리하기
① 재고 정리　② 주문 정리　③ 소셜미디어 콘텐츠 만들기

이중에서 다른 사람들과 자료를 공유하면서 함께 할 리스트를 정리하고, 이 리스트를 중심으로 폴더를 만든다. 만약 소셜미디어 콘텐츠 제작을 위한 폴더를 만든다면 소셜미디어 콘텐츠 제작 폴더를 만들고 그 하위에 사진 폴더, 동영상 폴더, 서비스 소개 폴더, 작업 중인 폴더, 퍼블리싱 폴더 등을 만들 수 있다.

좀 더 구체적인 예를 들면 드라이브에 폴더를 만들 때 폴더명을 어떻게 만들 것인가? 몇 개의 개별 폴더를 만들 것인가? 아니면 하나의 폴더를 만들고 그 안에 다시 분류별로 폴더를 만들 것인가? 문서를 저장할 때 파일명은 어떻게 할 것인가? 각자 자유롭게 할 것인가? 아니면 임의 규칙을 만들 것인가? 폴더 공유의 범위를 어디까지 할 것인가? 단기 아르바이트생까지도 포함할 것인가? 이러한 질문에 대해 협업에 필요한 각종 규칙들을 만들고 기본적인 교육 및 공유가 필요하다.

소셜미디어 콘텐츠
제작 시스템[공유/협업] 구성하기

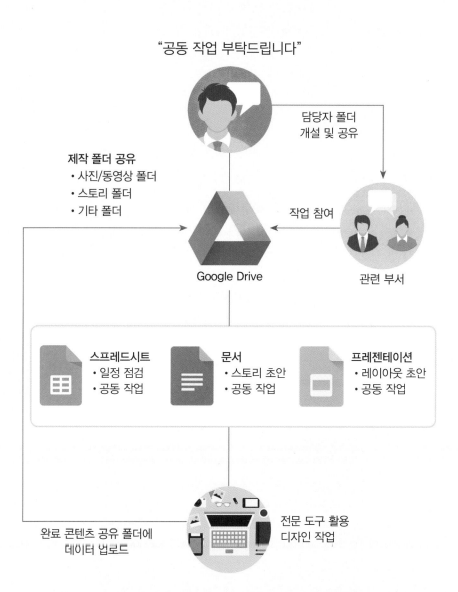

"공동 작업 부탁드립니다"

담당자 폴더
개설 및 공유

제작 폴더 공유
• 사진/동영상 폴더
• 스토리 폴더
• 기타 폴더

작업 참여

Google Drive

관련 부서

스프레드시트
• 일정 점검
• 공동 작업

문서
• 스토리 초안
• 공동 작업

프레젠테이션
• 레이아웃 초안
• 공동 작업

완료 콘텐츠 공유 폴더에
데이터 업로드

전문 도구 활용
디자인 작업

디지털 생태계 최강자
Z세대가 변화시키는 세상

갑분싸, 핵인싸, JMT의 의미를 아는가? Z세대들이 쓰는 말 중이다. JMT는 '존맛탱'의 영어 축약 표현이다. 이제 인스타그램에서 맛집을 찾을 때 맛스타그램, 존맛탱보다 JMT를 쓰는 것이 더 좋다. Z세대를 이해하기 위해서는 그들이 쓰는 말을 먼저 이해해야 한다.

Z세대는 1990년대 중반에서 2000년대 중반 출생의 14~24세 연령층을 말한다. Z세대는 약 646만 명으로 인구 비중은 12.5% 수준이다. Z세대는 인터넷을 통해 얻은 풍부한 정보로 소비 의사 결정에서 주된 역할을 하고 있다(출처: 현대경제연구원 오준범 선임연구원).

Z세대의 특징을 살펴보면 다음과 같다.

디지털 네이티브

어려서부터 TV 대신 유튜브로 세상을 배운 세대다. 통화보다 이모티콘 메시지를 선호한다. 이모티콘으로 자신의 상태를 이야기한다. 다시 이미지 시대로의 회귀다. 이러한 추세를 반영하듯이 카카오톡 이모티콘 디자이너 중에서 수입이 1억 원 넘는 작가들도 있다. 네이버 웹툰 작가 수입도 1억 원이 넘는다. 기성세대가 보기에는 그림만 그려서 먹고 살기 힘든 세상이 대한민국이었다. 하지만 이제는 아니다.

그리고 스마트폰을 활용하는 데 아무런 거리낌도 느끼지 않는 세대이다. 배우지 않아도 감각적으로 스마트폰으로 동영상을 찍고 편집하고 유튜브에 업로드하는 것을 불편해 하지 않는다. 모르는 것이 있다면 부모님이나 선생님에게 질문하는 것이 아닌 유튜브에게 물어 보고 유튜브에게 배운다.

Z세대
14~24세, 약 646만 명으로,
인구 비중은 12.5% 수준

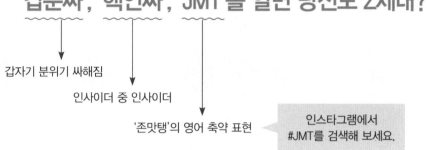

'갑분싸', '핵인싸', 'JMT'를 알면 당신도 Z세대?

갑자기 분위기 싸해짐

인사이더 중 인사이더

'존맛탱'의 영어 축약 표현

인스타그램에서
#JMT를 검색해 보세요.

Z세대의 특징 '디지털 네이티브'

유튜브로
세상을
배우고

스마트폰으로
세상과
소통하고

통화보다는
문자와
이모티콘

유튜브를 '유선생'이라 부르기도 한다. 요즘 아이들이 학교 수업에 집중하지 못하는 이유 중에 하나는 특정한 분야의 지식을 선생님보다 더 많이 알고 있거나, 유튜브에서 배우는 것이 더 쉽기 때문이다. 이러한 것들을 잘못된 것이라 말할 수는 없다. 기술이 발전함에 따라 학습의 방법도 달라지는 것이다. 변화의 흐름을 따라잡지 못하는 어른들의 잘못이 크기도 하다. 이러한 현상은 교육 분야에만 한정되어 일어나는 것이 아니다. 사회 전반에 걸쳐 일어나고 있다. 이전 세대와는 다르게 모바일과 디지털 기반으로 최신 정보를 습득하면서 세상을 변화시키고 있다.

역사상 처음으로 부모 세대를 가르친 세대이기도 하다. 2010년 이후 갑자기 들어닥친 스마트폰 광풍에 부모 세대가 어쩔 줄 모를 때 편안하게 사용하면서 부모들에게 스마트폰을 가르쳤다.

소셜미디어가 미디어인 세대

TV, 신문, 라디오보다 유튜브, 트위치, 인스타그램, 페이스북 등이 더 친근한 세대이다. 트위치(Twith)는 게임 전용 인터넷 개인 방송 서비스이다. 미국 샌프란시스코에 본사를 두고 있으며 2011년 6월 6일부터 시작되었다. 2014년 8월 25일 아마존닷컴이 인수했다. 트위치는 개인 채널을 보유한 '스트리머'들에 의해 방송이 운영된다. 유튜브의 '크리에이터' 아프리카TV의 BJ와 동일한 개념으로 생각하면 된다.
– 출처: 위키대백과

트위치의 성장세를 눈 여겨 볼 필요가 있다.

인스타그램에서 일상을 공유하고 맛집을 찾고 무엇인가를 하면 인증샷을 올린다. 유튜브 크리에이터를 연예인보다 더 좋아한다. 기존의 규격화된 패턴에서 벗어난 세대이기에 유명한 연예인이 광고를 한다고 해서 Z세대가 열광적으로 구매할 것이라는 보장이 없다. 같은 공간에 있지만 스마트폰으로 본인이 좋아하는 소셜미디어 채널에 열중하는 것에 어색함을 느끼지 않는다. 텍스트보다 이미지, 이미지보다 동영상을 선호한다. 그렇기 때문에 유튜브 전성 시대로 넘어가고 있는 것이다.

온오프라인 통합 경험, 미래보다는 현재, 가심비, 가치 소비 지향

Z세대의 소비 성향은 기존 세대와는 다르게 오프라인에서 경험을 통한 구매를 선호하며 기존의 쇼핑 채널보다 특정한 목적으로 기획된 팝업 스토어를 더 선호한다.

'러블리 마켓'은 Z세대 여학생 전용 마켓이라고 보면 된다. 중요한 특징은 '또래가 또래에게 판매한다'는 것이다. 이 '또래 시장'은 기존 기업들에게는 Z세대에 대한 배움터이다. 이제 기업들의 경쟁자는 같은 업종에서 사업을 하는 기업이 아니라 '또래 시장'을 이끌고 가는 Z세대일 수 있다.

기성 세대들이 미래를 위하여 저축을 했다면 Z세대는 미래보다는 현재를 위하여 소비를 한다. 소비 역시 일반적인 소비가 아니라 나 자신을 만족하게 할 수 있는 가심비가 높은 소비를 한다. 이러한 현상은 2017년 욜로(YOLO; You Only Live Once, 인생은 한 번뿐)와도 맥을 같이 한다. 또 한 가지 특이한 사항으로는 세상을 이롭게 하는 가치 지향의 소비를 한다는 것이다. 즉, 정의롭지 못한 기업에 대한 불매 운동을 그 어느 세대보다 더 열심히 하는 세대라는 이야기이다.

Z세대와 함께 가기 위해서는 그들이 많이 사용하는 소셜미디어 중심으로 메시지를 만들고, 이러한 메시지를 기획하는 데 Z세대를 참여시키고, 일방적인 메시지 전달이 아닌 Z세대가 직접 참여할 수 있는 구조를 만들어 그들이 직접 결론을 맺게 만들어야 한다. 메시지를 전달하는 주체가 유명 연예인이 아니어도 상관없다. 유명한 유튜브 크리에이터가 아니어도 상관없다. 특정한 영역에서 팬을 확보한 인플루언서면 된다. 메시지 전달 방식은 텍스트보다는 이미지로, 이미지보다는 영상의 효과가 탁월하다.

Z세대의 특징
'온오프 통합 경험, 가심비, 가치 소비 지향'

오프라인에서 경험을 통한
구매를 선호

기존 쇼핑 채널보다 특정한 목적으로 기획된
팝업 스토어를 더 선호

'러블리 마켓'

또래가 또래에게 판매하는
'또래 시장'

나 자신을 만족하게 할 수 있는
가심비가 높은 소비

세상을 이롭게 하는 가치 지향
소비자

Z세대를 기업 경영에
참여하게 하라.